目 录

前 言

四川电影电视学院为播音与主持艺术专业三年级的学生开设了“主持人采编播基础训练课”，在课程中我们不仅强调学生采编播基本技能的掌握，还特别强调学生作业的故事性、艺术性，尤其注重学生个性化的展示、创新能力的培养和开发！

本课程融入了编导、非编、主持、播音、思维等多种技能，并以音乐来贯穿，对学生进行采编播基础训练。另外，本课程注重培养学生的独立工作能力，学生作业从策划、构思、剧本写作，到采编播及后期配音、配乐，全部由一个人独立完成，以便为他们今后从事广播电视等传媒工作打下较为全面的基础。

本书学生作业部分资料整理由夏翔、吴亦文、解永良、陈浪、孙豪杰、马俊英协助完成。

由于拍摄设备有限，学生作业不可能完全用摄像机拍摄，只能用图片和部分视频代替，因此教学侧重点只能是他们的创意构思、采编播基本技能的掌握运用、创新能力的培养。在此特做说明。

本课程在实践过程中得到四川电影电视学院领导、各部门及同行们的大力支持和协助，在此一并表示感谢！

本课程经过几年的教学实践，积极探索培养具有采编播能力的主持人的途径，取得了不错的效果，还因学生具备节目创作的多方面能力，提高了学生的就业率。但本课程毕竟是新开设的课程，还需继续摸索和完善，希望大家提出宝贵意见！

本书第一单元至第六单元以西方音乐为训练素材,系统介绍了西方音乐史的发展线索。附录一“绘画与诗词作品训练”主要是为了进一步提高学生的艺术素养,其中介绍了一些中国民族乐曲。附录一不作为必要的课程安排,仅供选用。附录二“短片拍摄与剪辑基本知识”简要介绍了短片拍摄与剪辑的基本知识,这方面的技能还需在“视听语言”、“电视节目制作”等相关课程中系统学习。

本课程共需90学时,安排在一个学年内完成,一个学年有两个学期,每学期授课时间15周,每周3课时,每学期45课时。具体教学进度如下,仅供参考。

学　期	教学进度	课　时
第一学期	第一单元　音乐总体形象感受能力训练	11
	第二单元　想象与语言表达能力训练	20
	第三单元　逻辑与音乐运用能力训练	14
第二学期	第四单元　反差、伏线训练	6
	第五单元　电视节目制作训练 新闻类节目	12
	第五单元　电视节目制作训练 社教类节目	10
	第五单元　电视节目制作训练 服务类节目	8
	附录一　绘画与诗词作品训练	9

注:以上课时不包括期中考试和期末考试的时间。

第一单元

音乐总体形象感受能力训练

第一部分　理论概述

音乐能够跨越国界，克服语言障碍，表达人类共有的情感。音乐总体形象感受能力训练，是使学生欣赏中外名曲，训练学生对乐曲中所呈现的意境、塑造的形象和表达的情感进行捕捉，并运用准确的语言将其表述出来的能力。

感受，生理学上是指由感受器接受刺激，并将其转化为神经冲动，从而与刺激对象产生一种联系。有了这种联系，我们才能感知刺激对象，进而产生态度、情绪、情感。

感受能力对每个人都是至关重要的，对主持人来说更为重要。没有感受能力就不能产生真实的情感，再好的题材也无法做出形象性强、具有情感冲击力的好节目。要打动观众，首先主持人就要有对客观事物的感受能力、认识能力、判断能力。

音乐与历史、社会联系紧密。《乐记》中就说："凡音者，生人心者也。情动于中，故形于声，声成文，谓之音。故治世之音安以乐，其政和；乱世之音怨以怒，其政乖；

亡国之音哀以思，其民困。声音之道，与政通矣。”这是说音乐与时政相通，不同的音乐反映不同的时代、不同的社会状况。同时，音乐也表达出作家的情感。如我们听到民族音乐《江河水》会感受到作者内心的哀怨悲愤，我们听到《步步高》会感受到作者欢快的心情，我们听到《祝酒歌》会感受到作者内心的心潮澎湃。当我们听到西藏、新疆等地具有地域特色的音乐，就会想到当地独特的风土人情。

有些感受准确，而有些感受并不准确，就像我们生活中对人的感觉一样，在不熟悉的情况下，对一个人的看法不一定准确。另外不同的人对同一事物，也会有不同的认识。感受不是想当然的，而是建立在准确理解信息的基础上。

人的感受力是可以培养的，例如有的人经过音乐的各种训练，可以成为乐手或音乐指挥家，能够听出某个乐手的音准和节奏是否准确；一个训练有素的织品印染工人能分辨出40种不同的黑丝，而未经训练的一般人只能分辨出两三种……以上这些都是经过训练，感受力得到提高的事例。根据医学研究，人们的各种感官并未得到充分开发，通过训练，完全可以使我们的感受力得到提高。我们能分辨出声音的四种属性：音调(高低)、响度(强弱)、音色(声音特色)、音长(持续时间)，同时还能分辨出节奏和旋律。

具体的音乐作品虽然表现的内容、表达的思想感情各不相同，但音乐是人类共有的文化宝库。

第二部分　教学内容与同步练习

一、教学内容

(1)讲解音乐感受的相关理论与音乐知识。

(2)介绍巴洛克时期的音乐家维瓦尔第、巴赫、亨德尔的生平与代表作品

二、同步练习

(1)用维瓦尔第《四季・春》的一、二曲、巴赫《圣母颂》《勃兰登堡协奏曲》做音乐总体形象感受语言表达练习。

(2)用维瓦尔第《四季・春》的一、二曲、巴赫《圣母颂》《勃兰登堡协奏曲》做音乐总体形象感受短片制作练习。

第三部分　教学方法、目的与要求

一、教学方法

1. 语言表达

(1)介绍西方古代至巴洛克时期音乐发展概况。

(2)介绍维瓦尔第的生平与代表作品《四季·春》,巴赫的生平与代表作品《圣母颂》、《勃兰登堡协奏典》

(3)反复播放以上音乐作品,要求学生在听的过程中熟悉、感受音乐。

(4)在熟悉音乐的基础上,要求学生从音乐作品中捕捉形象,形象越具体越好,为下一步做视频短片做准备;并跟随音乐将感受到的内容,用语言表达出来。

(5)要求学生的语言表达与音乐节奏同步,培养乐感和节奏感。

(6)调整学生的语言色彩,使语言色彩与音乐色彩相符合。

(7)培养学生的语言表现力,用音乐带动语言,做到言由心生。

(8)教师要根据音乐对学生表述的形象进行点评,纠正不符合音乐形象的表达,并指出问题所在。

(9)学生通过教师的指导,补充、优化自己的表述,并跟随音乐反复进行练习,使表述层次分明,与音乐基本符合。

2. 短片制作

(1)学生通过语言训练对音乐家、音乐作品有了一定感受之后,根据自己熟悉的生活内容进行构思,根据构思寻找图片或自己拍摄,运用图片或自己拍摄的内容制作短片,并配上音乐,内容与音乐基本符合即可。

(2)短片不要太长,要表达的内容基本清楚即可。

(3)教师帮助学生调整完善作品,使他们知道自己的作品存在的主要问题,提高他们的自信心和兴趣。

(4)要求学生自己动手修改,使他们在实践中掌握短片制作的基本方法。

二、教学目的与要求

1. 教学目的

第一单元主要训练学生对音乐的总体感受能力。

2. 教学要求

在训练的过程中，应注意以下几点：

(1)使学生在听音乐时，脑海中产生清晰的形象，并将其表达出来。表达的形象必须与音乐相符合，例如表达的节奏与音乐的节奏要相符合。

(2)最初，学生可能难以把握音乐的形象感，教师可以做示范，进行引导和启发。

(3)无论是语言表达还是短片制作，我们提倡“百花齐放”、“独树一帜”，对同一乐曲有不同的形象表达。例如听《四季・春》时，有人想到大自然，有人想到车展，有人想到啤酒节。

(4)无论是语言表达还是短片制作，都要先有感受，做到用心说、用心做。语言表达要生活化、通俗化。

(5)对于音乐理论部分，教师应为学生做生动有趣的讲解，提高他们的艺术修养。

第四部分　学生作业例稿

一、语言表达作业

1.〔意大利〕维瓦尔第《四季・春》第一曲

作业一

这里是2008年北京奥运会“你就是火炬手——CCTV－联想奥运火炬手”的比赛现场！

自2008年8月18日开赛以来，这场引发广泛关注的比赛至本周末已赛程过半。参赛选手、评委嘉宾以及主持人通过前一阶段不断的磨合渐入佳境，广州赛区的比赛更是精彩纷呈。

在此次广州赛区的现场，将会有当场点睛的舞狮表演、闽南茶道表演等。据透露，广州赛区的比赛将是目前为止选拔比赛中最精彩的一场。

究竟广州赛区的决赛会有哪些精彩呈现，让我们拭目以待！

只要你心动，奥运圣火就会与你一起燃烧！我们相信，你就是联想奥运火炬手！让我们点燃激情、传递梦想！

作业二

啊！我自由了，由于主人的失误，小鸟春春终于逃出了笼子，来到了外面的世界。此刻，春春兴奋到了极点，它快乐地挥动着自己的翅膀，自由地翱翔在天空中。

原来外面的世界是这么美好！湛蓝的天空、洁白的云朵、明媚的阳光，一切都像仙境一般，春春快乐地感受这一切。春春飞过高山，看到山间的小溪是那样的清澈，欢快地流向了远方；它飞过林间，看到野花是那样的鲜艳，五颜六色地绽放着一张张笑脸。似乎所有的一切都在祝贺春春能够重新获得自由，春春觉得自己就像一个快乐的使者，它面对的将是崭新的生活。

作业三

原来这就是河流的源头，那么巍峨。哦？这分明就是一座大山，我们看到这座山的泥土、石块和白雪，原来河流是这样被孕育出来的。在那千年不变的高山上历经洗礼，在天寒地冻的环境下接受磨炼，在孤独寂寞中顽强抗争，才终于融化了那千年的厚厚冰层，汇成今天我们所看到的河流。冰层开始融化，一滴滴的水珠开始汇集成小溪，无数条小溪汇聚成了一条新的河流！它有着蓬勃的生命力，如此美丽，如此动人！啊！原来这就是生命，它让我们的生活如此美好！让我们一起来热爱生活吧！那样我们才能感受到生命的魅力！生命的精彩！

2.〔意大利〕维瓦尔第《四季·春》第二曲

作业一

夜悄然而至，是那样令人陶醉。
我爱这夜色，爱它那葡萄美酒般的醇美，
静谧而让人回味。
花香伴着微风徐徐而来，
那是一株夜绽的昙花。
不！那是月下的花之仙子。

月光投下她的身影，
婀娜又是那么灵动。
在静态中，舞尽毕生的风采；
在瞬息间，绽放生命的光华。
她是这般羞涩，独绽是她的选择；
她又是如此华贵，就连月光也为她作陪。
可是我料想，她很快又要逝去，
但我似乎不应该为此伤悲，
春去春会再来，花谢花一样会再开。
一个生命最终总会逝去，
但生命之河将生生不息。

作业二

我仿佛记得，曾坐小船，经过山阴道。两岸边的乌柏、新禾、野花、鸡、狗、丛树、小桥、茅屋、塔、伽蓝、农夫、村妇、穿蓑衣的渔夫、天、云、竹……都倒映在澄碧的小河中，随着每一次划桨，水中闪烁的磷光与水里的萍藻游鱼，一同荡漾。瞬间诸影诸物缓缓摇动、扩大、融合，再恢复成原来的形状。河岸的柳树、红花，都倒映在水面里浮动，渐渐地拉长了，河水缕缕地成了胭脂红。浮动的美，属于大自然的美，有忙碌的闲暇、移动中的诗情画意。

作业三

小女孩蜷缩在墙角，没有人买她的火柴，她连一盒火柴也没有卖出去。她不敢回家，她知道，卖不掉火柴就没有钱，没有钱，她的继母就会打她，她的父亲不会相信她。他们肯定会认为她没有好好干活，又跑去玩了。她冷啊，她真想回家，回到火炉旁边，烤烤火。她的衣服和鞋子都湿透了，天上还在下着雪花。雪花真美啊，可惜太冷了。如果雪花像小火苗那样暖和，该有多好啊。那时，她就不冷了，她就可以不打寒战、不被冻僵了，她的衣服也不会弄湿了……可那时也就不会有人来买火柴了。唉，有谁能来买我的火柴！

3.〔德〕巴赫《圣母颂》

作业一

十六岁的爱情像是一阵春风，轻轻地抚过我们的心田；二十岁的爱情像是一阵细雨，给我们留下一阵雨后清新，令人久久回味。张爱玲是一个恃才傲物的女子，但是当她遇到自己的爱人，在写给他的信中说：我愿化作一粒尘埃，并在这尘埃中开出一朵美丽的花。我们这才突然发现，爱是付出，是绽放。

作业二

如果你要问我这个世界上最圣洁的地方在哪里，请你静静地闭上眼睛去感受雪域高原的神圣与圣洁：展翅的雄鹰、洁白的哈达、虔诚的朝拜。这里曾经留下过上苍甜蜜的吻。

如果你要问我这个世界上让人们的心灵为之震颤的是什么，有一个地方一种景色，会让你的心灵震颤。这里的人们和太阳一样作息，手里的转经筒是他们永恒不变的主题，三步一叩首是他们坚定不移的信念。他们的眼神是苍茫之中的一丝甘霖，像泉水般清澈宁静，没有世俗的尘埃。是雪域高原赋予了他们最纯洁的心灵，是释迦牟尼让他们有了最虔诚的信仰。

作业三

我是一个快乐的小男孩！不，其实妈妈说，我是一个天使，上帝派来人间的天使。所以我和其他小朋友不一样，我看不到世界是什么样子的，但是我却听得到。

妈妈说：太阳是红色的，是个大火球，能够给我们带来温暖。树木是绿色的，能够给我们带来希望。稻子是金黄金黄的，可以做成各种美味的食物。还有天是蓝的，云是白的，流水是哗哗响的，像鸟儿的歌声一样。

最神奇的就是妈妈说的花朵，小家伙们居然是五颜六色的，我闻到过它们。真的！所以，不要为我难过，如果你看到一个穿着红色衣服的小男孩在盲道上行走，过去给他一个问候、一个拥抱，他会感受到像太阳一样的温暖，他会更加幸福快乐。

4.〔德〕巴赫《勃兰登堡协奏曲》

作业一

欢迎来到霍格沃茨魔法学校，哈利·波特站在礼堂的门口，张大了嘴巴惊奇地望着眼前的一切。整个大厅金碧辉煌，头顶上方竟有数以千计的蜡烛在半空中悬浮。开学晚宴很快就要开始了，哈利的心里忐忑不安，不知道自己会被分到哪个学院，这里的每所学院都有它光荣而悠久的历史。桌子上放了一顶尖尖的魔法师的帽子，那是分院帽。教授已经念到哈利的名字了，他忐忑不安地走上台去，心里扑通扑通跳个不停，仿佛就要到嗓子眼了。他能感受到自己握着板凳的手在不停地颤抖，他看到分院帽已经在眼前不停地转动了，暗想到底自己会被分到哪个学院。他小声地说，千万不要是斯莱特林，因为那里大多是狡猾阴险的人，为达目的不择手段。分院帽听到哈利小声的嘀咕，于是对他说你拥有别人没有的天分，如果你已经下定决心，就是格兰芬多吧。哈利听见分院帽向全场宣布自己去格兰芬多，于是他脱下帽子，抛向空中，他相信这一次的选择会帮助他走向成功。

作业二

一个雷雨交加的夜晚，一个男人在产科门口焦急地等待着，他的妻子已经进入分娩室很久，可是始终没有消息。他一会儿疾步地在门口走来走去，一会儿又扒着门缝想听听里面的声音，可是除了自己的心跳什么也听不到。他更加焦急了，突然一声啼哭，孩子出生了。他满怀欣喜地去看这个孩子，可是护士却从他身旁走过。汗水从他的额头上流了下来，他比刚才更加焦急了，他现在能做的只有等待。此刻，又是一声孩子的啼哭，护士走到他的面前，这是他的孩子。这时，他感到无比的幸福，因为他做父亲了。

作业三

突然间，你睁开双眼，看了看表，完了，还有十分钟就要上课了。你赶紧从床上爬起来穿好衣服。还有八分钟。闹钟肯定是坏了，不然为什么你没有被叫醒？你来不及刷牙了，只能随便洗把脸了。水好凉，但你顾不上了。还有七分钟，六分五十九、五十八。你昨天不应该看那部电影的，结果睡得太晚了。今天上午的作业还没有准备好呢，要被老师骂了。还有五分钟了，时间来不及了，你还要上厕所，算了，不去了，等中间下课再说吧。你的书包呢？还有四分半钟了。你的自行车钥匙呢？找到了。还有四分钟。你骑上车，冲向教室！

作业四

在黑暗的暴风雨里，风雨吹打着巴伐利亚的亚马逊雨林，风雨吹倒已生长几十年的树木，透过树皮可以看到它生长的年轮。清晨，阳光透过雨林，树木都已被拦腰砍断，一颗接一颗向森林深处伸延，鸟儿惊恐地向四周飞散。工人们在砍伐，一堆堆的木头向远方运去。在那远处，一幢幢的房舍建起，最后一座城市初露了它的雏形，这就是巴伐利亚平原上一座奇迹之城——巴西的新首都。它与周围的雨林形成了鲜明的对比，绿色与灰色、活力与冷漠，看似不协调，却形成了它的独特。

二、短片作业(见在线学习资源)

《拉萨》

附　西方古代音乐至巴洛克音乐

一、古代至中世纪西方音乐

从古代到中世纪，西方音乐有着3000多年的发展历史。这一时期，西方音乐的发展可以归纳出这样几个特点：

(1)从“单声部音乐”发展到“复调音乐”，又从“复调音乐”的鼎盛走向衰弱，向主音逐渐过渡。

(2)以声乐为主，器乐是附属，中世纪末期才出现了独立的器乐曲。

(3)与宗教音乐的兴衰紧密相关。早期宗教音乐占绝对统治地位，封建宫廷势力的日益强大使世俗音乐兴起。它们相互对立，又互相渗透、融合。文艺复兴时期，世俗音乐迅速发展，音乐家从专写宗教音乐的神职人员转变成受雇于教堂和宫廷、创作宗教音乐和世俗音乐的创作者。

(4)音乐从写“神的意志”转变为反映“人的感情”，从对外部世界的描绘和模仿过渡到对人类内心世界的挖掘和表达。

1. 古代音乐

(1)古希腊音乐

我们主要通过文字记载、瓷器、绘画或浮雕等历史遗迹，来了解古希腊音乐。古希腊音乐是单声部音乐，歌唱时有乐器伴奏，用字母记谱，歌词往往是当时一些重要的诗篇。

古希腊音乐与神话、传说交织在一起。“music”源于“muse”，音译为缪斯。古希腊神话中，缪斯是宙斯和记忆女神谟涅摩叙涅所生的九个女儿。九位缪斯掌管文学、喜剧、抒情诗、音乐等艺术与科学，被称为文艺之神。古希腊神话中的艺术之神阿波罗、竖琴师奥菲欧等，都与音乐有关。由于音乐与神联系，音乐本身也被认为充满了神性。古希腊人认为音乐能驱魔治病、净化肉体和灵魂，使人崇高向善。

盲诗人荷马汇集小亚细亚民间歌手传唱的英雄诗篇并加以整理，写下不朽的《伊利亚特》和《奥德赛》。

公元前5世纪到公元前4世纪，古希腊文化发展到了高峰。人们在进行各种祭祀活动时要吟唱赞颂神的诗歌，并从雅典的酒神颂歌中逐渐发展出古希腊悲剧，包括戏剧、诗歌、舞蹈。

(2)古罗马音乐

古罗马音乐基本沿袭了古希腊音乐，并趋向于实用化、娱乐化。在古罗马,音乐成为教养与身份的象征。

古罗马时代基督教诞生,基督教音乐以其虔诚、肃静的禁欲主义倾向感召着人们。起初,基督教遭到镇压,到了392年,古罗马统治者宣布基督教成为国教。随着基督教的合法化与公开化,古代音乐逐渐衰落,基督教教会音乐的地位得以确立,并在中世纪音乐中占据着重要的主导地位。

2. 中世纪音乐

(1)格里高利圣咏

476年,日耳曼民族吞并西罗马帝国,西方历史进入了中世纪时期。基督教作为统治工具,教会垄断了科学文化,各种音乐机构都隶属于教会,由神职人员管理。在中世纪,音乐的功能不是享受和娱乐,而是教化,引导人们弃恶向善。

6世纪末,罗马教皇格里高利一世(590~604年在位)从宗教利益出发,用十多年时间挑选许多典型的歌调,确立为“教堂歌调”,确立了演唱的规则,在各种教会仪式上演唱,并编成“唱经本”,命令各地教会广泛采用。这种音乐被称为“格里高利圣咏”。

格里高利圣咏是单声部,吸取了古代东方、古希腊的音调和当时民间音乐的特点。其歌词用拉丁文写成,内容选自《圣经》,追求静穆、超脱。它不仅流行于当时的欧洲,并在天主教音乐中流传至今。巴赫、柏辽兹等人的作品中都曾引用过格里高利圣咏。

(2)世俗音乐

9世纪到11世纪,欧洲封建国家逐渐形成。11世纪左右出现了新的社会力量——中世纪的城市,城市成为新的文化中心。因此,反映城市生活的世俗音乐日渐繁荣。

在中世纪的欧洲，以骑马征战为主要职业的人被称为骑士，他们通常的集中地点是贵族的宫廷里。11 世纪，十字军东征提高了骑士的地位。正是在这种贵族圈子里，形成了特殊的风尚，产生了中世纪游吟诗人的音乐艺术。

游吟诗人音乐产生于法国南部，流行于各国宫廷，是一种单音歌曲，其内容多反映贵族生活、战争、爱情、时事政治等。王公贵族、云游四方的骑士们用民间流行的曲调，自己作词、自弹自唱，或由仆艺演唱。

另外，流浪艺人与民间歌手创作的作品大多反映平民特别是农民的愿望，并且出现了反对封建主和教会的歌曲和讽刺剧等，因而得到了市民阶层的支持。流浪艺人与民间歌手对音乐的传播和乐器的改良发挥了积极的作用，他们常用的伴奏乐器有弓弦乐器维奥尔和拨弦乐器竖琴。

(3)法国音乐

14 世纪初，欧洲的政治、经济、文化均显现出新的发展趋势。基督教势力逐渐衰落，各封建王国王权兴盛。这一时期，产生了但丁、薄伽丘等人追求人文主义的著作，预示了文艺复兴新文化的曙光。音乐上，出现了预示文艺复兴到来的新艺术。

新艺术盛行于 14 世纪上半叶的法国，但由于其影响广泛而代表了一个时代，音乐史上常以新艺术通称 14 世纪法国、意大利音乐。新艺术音乐的重要变化之一体现在音乐创作与礼拜活动的分离，音乐创作世俗化。作曲家把宗教复调技巧与世俗音乐相结合，崇尚以母语写作世俗音乐。代表人物是纪尧姆·德·马肖(1300～1377)。他是法国新艺术音乐重要的代表人物，同时也以诗人著称。在西方音乐史上，他是第一位作品得到完整保存的音乐家。他的大部分作品是世俗音乐，继承了法国北部游吟诗人的传统。他认为音乐与诗歌只有发自内心才具有感染力，主张音乐应传达自己的情感体验。他将世俗音乐的活力注入宗教题材的作品，他的经文歌用法国歌谣、骑士歌曲的曲调来代替“圣咏”。

(4)意大利音乐

14世纪的意大利是一个分裂的封建割据国家。因此，意大利音乐在一些宫廷贵族中得到发展。它受宗教的影响相对较少，更世俗化。意大利音乐家注重旋律和歌唱技巧，内容上更多地与城市市民的现实生活有关。其重要的音乐体裁有猎歌和牧歌。

猎歌是典型的意大利母语世俗歌曲。歌曲曲调活泼，具有描绘性，常以狩猎活动为题材。

牧歌有“用母语写成的诗”和“乡村田园诗”双重含义。表现内容丰富多样，如政治讽刺、道德寓意，更多的是田园诗和爱情诗。

14世纪，意大利出现了很多有影响的音乐家。其中，盲人音乐家弗朗切斯科·兰迪尼(1325～1397)最为著名。兰迪尼的音乐创作以甜美抒情见长，不追求复杂的技巧，力求独特的个人风格。他使用的终止式，在和声史上称为“兰迪尼终止式”。

二、文艺复兴时期的音乐

西方音乐史上，文艺复兴时期一般指从1420年前后到1600年前后。这一时期是欧洲资本主义生产关系在封建社会内部产生和发展的时期。新兴市民阶层对人的自身价值和欲望的肯定、对人的命运的思考，产生了人文主义和文艺复兴。文艺复兴的人文主义思想猛烈冲击了以教会神权为代表的封建文化禁锢。除了出现一大批文学绘画名作外，音乐也发生了深刻的变化。在文艺复兴思潮的影响下，出现了欧洲世俗文化的空前繁荣，形成了新的音乐风格，发展了音乐理论。

1. 尼德兰乐派

“尼德兰”意为低地，指莱茵河、斯海尔德河下游及北海沿岸地势低洼的地区，包括今天荷兰、比利时、卢森堡和法国北部的一小部分。16 世纪的尼德兰，有“城市国家”之称，是当时世界上资本主义经济最发达的国家。15 世纪前半叶，以杜费(1400～1474)、沃克亥姆(1410～1497)为代表的一大批音乐家，对发起音乐艺术领域的文艺复兴运动起到了重大作用，这就是尼德兰乐派的最初形成。

16 世纪是尼德兰乐派发展的高峰期，尼德兰乐派广泛吸取了德国歌谣和意大利牧歌。尼德兰乐派的歌谣通俗风趣，生动地描绘了日常生活场景。有一首《当我的丈夫回家的时候》唱道:“丈夫回家要打我，因为我还年轻，他却已经老了。”无伴奏合唱曲《回声》是自然界回声和人的生命力的完美结合，成为世界合唱宝库中的精品。

2. 德国音乐

文艺复兴时期的德国音乐与德国的宗教改革运动密切相关。文艺复兴促进了德国 16 世纪初的宗教改革。在宗教改革影响下产生、并直接为宗教改革服务的首先是“新圣咏”，这与马丁・路德(1483～1546)的推动分不开。他主张圣咏不用拉丁文而用德语演唱，选用德国古老的圣歌和民间歌曲做曲调。他最著名的圣歌是《上帝是我们坚固的堡垒》,被恩格斯誉为"十六世纪的《马赛曲》"。

另外,在当时德国的手工匠中,还出现了自编自唱的名歌手。名歌手在16世纪德国市民文化中占有重要的地位,他们是当时的各种行会中的诗人和音乐家,用音乐来表现自己的生活。德国的"里德"即世俗歌曲,通常是单声部。16世纪中叶,一些作曲家把弗莱芒复调技术和德国里德相结合,创作出复调形式的里德。

3. 法国音乐

16世纪,法国最发达的音乐体裁是歌谣曲。这是一种无伴奏形式的世俗音乐,歌词多取自于人文主义诗歌。它要求具体地反映生活、描绘生活,富于市民色彩。它注重具体形象的描绘和抒情,可以看作是最早的标题音乐作品。文艺复兴时期,法国世俗歌曲"尚松"是众多作曲家关注的体裁。

4. 意大利音乐

(1)宗教音乐的改革和16世纪牧歌

在文艺复兴末期,天主教极力反对宗教改革。鉴于当时宗教音乐世俗化倾向的日益加深,他们提出了改革宗教音乐的方案。

这一时期,出现了一种新旧风格融合的新宗教音乐。它平静、和谐、庄重,既强调虔诚又超脱宗教气氛,运用了无伴奏纯人声合唱和教会调式的音乐。

教会作曲家帕勒斯特里那(约1525～1594)的无伴奏合唱,为宗教音乐创作提供了借鉴。在他的影响下,出现了一批作曲家,形成了盛极一时的罗马乐派。在商业繁荣、思想活跃的威尼斯,出现了威尼斯乐派。

16世纪最能代表意大利民族特征的世俗音乐体裁

是牧歌。16世纪的牧歌已不同于14世纪新艺术时期的牧歌，除了在名称上相同以外，两者已没有任何音乐风格上的联系。它是一种新兴的体裁，内容丰富、形式自由，不受宗教约束。

（2）歌剧

文艺复兴在音乐上最大的成就是歌剧的诞生。文艺复兴的人文主义艺术理想是恢复古希腊综合性的完美艺术，真实生动地表现人的形象、生活、情感，直接促进了歌剧体裁的形成。为了真实地表达人的感情，人们有意识地追求一种最富戏剧力量的形式，即综合诗歌、音乐、戏剧特点的艺术形式，歌剧正是适应这种时代所需的新体裁。

早期意大利歌剧最突出的代表性作曲家是克劳迪奥·蒙特威尔第（1567①～1643）。他充分利用音乐和戏剧手段，主张音乐要有强烈的感情色彩，要挖掘人的情感世界。他克服了早期歌剧旋律的枯燥，采取了牧歌式的朗诵调。他是第一个使用管弦乐队为歌剧伴奏的作曲家，基本确立了早期乐队的编制。1607年，在芒图阿上演的他的第一部歌剧《奥菲欧》，是歌剧史上第一部真正的歌剧。

（3）清唱剧和康塔塔

当歌剧诞生于意大利之时，一种宗教内容的大型声乐体裁——清唱剧也在意大利诞生。它有一个叙述故事的人，强调合唱。大部分清唱剧是宗教题材。

康塔塔诞生于意大利，既可以采用宗教题材，也可以采用世俗题材，既可以是抒情的，也可以是叙事的。

---

① 有些资料中显示，蒙特威尔第生于1568年，如〔法〕保·朗多尔米著：《西方音乐史》，人民音乐出版社2002年版，第38页。

(4)器乐的发展

这一时期,在声乐艺术繁荣的背景下,器乐开始脱离对声乐艺术的依附,成为独立的体裁形式。

除管风琴外,当时最流行的乐器是诗琴(又名鲁特琴),竖琴也是和诗琴一起使用的乐器。16世纪末,小钢琴得到了发展。管乐器已有小号、长号、短号、笛、低音管等一些木管乐器。

三、巴洛克音乐

从大约1600年到1750年这一个半世纪,在西方音乐史上被称为巴洛克时期。巴洛克一词源于葡萄牙语baroco,指体积较大且形状不规则的珍珠。巴洛克原指17世纪意大利的建筑,人们用它来形容当时一些新奇、怪异的建筑风格。这一时期,教堂和宫廷众多的节日庆典要求音乐家们为之创作数量巨大的各类体裁的音乐。

这一时期,音乐创作繁荣,产生了一批具有历史意义的器乐作品。这一时期器乐类音乐体裁主要有:奏鸣曲、大协奏曲、组曲、赋格曲。其中,大协奏曲是巴洛克时期最重要的器乐体裁之一,代表人物是维瓦尔第。巴洛克音乐两位最有代表性的音乐大师是巴赫和亨德尔。

1. 安东尼奥·维瓦尔第

(1)生平介绍

安东尼奥·维瓦尔第(1678～1741)出生于意大利威尼斯,自幼从父学习音乐。15岁加入圣职,25岁成为神父。因为天生一头红发,人们称他“红发神父”。

在他一生中,大约有40年的时间从事音乐教育工作。他任职的修道院成立了一个乐团、一个音乐学校。

维瓦尔第创作作品，带领乐团在欧洲巡回演出，风靡欧洲。

从文艺复兴开始，音乐从宗教转向多元化发展，维瓦尔第正是潮流的引领者。他大胆实验和创新，改变了协奏曲的表现手法，一直影响了巴洛克时期的音乐家，甚至是“音乐之父”巴赫。

据说，有一天维瓦尔第正在主持弥撒，突然一个音乐主题在脑海中闪现，他立刻走下祭坛，进入圣器收藏室记下旋律，然后回去继续做完弥撒。因此，他被提报到宗教裁判所，被认为是疯子，从此禁止他再做弥撒。

晚年的维瓦尔第声名已去，穷困潦倒，一病不起。1741 年，维瓦尔第客死在维也纳。他死去的当天就被草草埋葬在圣查尔斯教堂贫民公墓，与他同时埋葬的人中还有被处决的罪犯。几十年后公墓废弃，后人再也无法找到他的遗骨。

20 世纪，人们开始重新认识巴洛克音乐。当人们注意到维瓦尔第对巴赫耐人寻味的影响时，音乐界开始关注这位大师，他的音乐魅力也被越来越多的人认识到。

维瓦尔第不仅被称为“协奏曲之父”，还被认为是标题音乐的创始人、优秀的小提琴家。代表作有《四季》、《金翅雀》。

(2)代表作

①《四季》

小提琴协奏曲《四季》创作于 1725 年，是维瓦尔第最著名的作品，其中的旋律至今流传。《四季》的标题分别为：《春》E 大调、《夏》g 小调、《秋》F 大调、《冬》f 小调。四部作品均是采用三乐章协奏曲形式的正宗标题音乐，在总奏与主奏交替形成的复奏形式上，巧妙地配以标题。在维瓦尔第之前，还没有人以标题音乐的方式谱写过协奏曲。

《春》、《夏》、《秋》、《冬》每一首协奏曲均由快、慢、快三乐章组成，各曲均附有14行短诗，用音乐描绘出诗中的意境。《四季协奏曲》属于标题音乐，所以从形式上看，较其他协奏曲显得自由而且不平衡，从而更能表现出巴洛克音乐的特色和魅力。这四部作品画意盎然，激发出人们对巴洛克时期音乐的浓厚兴趣。

其中以《春》的第一乐章最为著名，音乐旋律轻快愉悦，使人联想到春天的葱茏；《夏》则出乎意料，表现夏天的疲乏；《秋》描写的是收获季节中，农民饮酒作乐、庆祝丰收的景象；《冬》描写人们走在冰上滑稽的姿态，以及由炉旁眺望窗外雨景等景象。

②《金翅雀》

长笛协奏曲《金翅雀》创作于1729～1730年，是维瓦尔第一部非常令人喜爱的作品。他在作品中充分挖掘了长笛的潜能，以长笛的声音形象地模仿了金翅雀的啼鸣。协奏曲的首尾两个乐章都是快板速度，音乐清新、活泼、可爱，长笛演奏出的轻盈而婉转的乐音，让人不由得想到叽叽喳喳的鸟儿。而中间的广板乐章，则是一首异常迷人的西西里风格舞曲。这种舞曲通常带有田园情趣，似乎是金翅雀在田野间低吟轻唱。

2. 约翰·塞巴斯蒂安·巴赫

(1)生平介绍

巴赫(1685～1750)出生于德国中部图林根地区的一个著名的音乐世家。

巴赫10岁时失去双亲，由他的大哥抚养。他的大哥是教堂管风琴师，教导巴赫弹奏管风琴和大键琴，为他打下了演奏键琴乐器的基础。此时的巴赫已经表现出对音乐的酷爱和天赋。

巴赫终生埋头于职务、演奏、创作和教育，但因为他追求完美的性格不易与人合作，所以常换工作。他先后担任过宫廷和教堂乐手、乐长，最后在莱比锡教会学校任职直至逝世。

巴赫一生创作了大量乐曲，有着惊人的创作力，有200多部康塔塔、2部受难曲、5部弥撒曲、23首协奏曲、17首钢琴曲、2册钢琴曲集以及大量的经文歌、清唱剧、管风琴曲、室内乐和管弦乐等作品。在吸收欧洲其他国家音乐风格的同时，他努力发展德国音乐的传统，作品深沉、悲壮、广阔，充满了18世纪上半叶德国民族所经历的痛苦磨难、对宗教的思索。同时，巴赫又将巴洛克时代的音乐带入精致成熟的境界，所以，他的音乐又有着典雅、恬静、高贵的风格特色。他作为虔诚的新教徒，通过宗教题材抒发对人类灾难、痛苦的怜悯和同情，对和平、幸福的渴望。

巴赫在世时并不引人重视，作品也没有广泛流传。在其去世后，其作品日益引起人们的关注。贝多芬见到巴赫手稿后，说："这哪里是小河，这是大海啊！"巴赫在音乐史上是一个继往开来的关键人物，后人从他的作品中得到的启迪是无法估量的。19世纪初，德国重新评价巴赫，称他为"德国民族的骄傲"、"近代音乐之父"。

(2)代表作

①《勃兰登堡协奏曲》

1721年，巴赫收集了6首最好的协奏曲献给勃兰登堡的克里斯蒂安·路德维希侯爵，这就是著名的6首《勃兰登堡协奏曲》。乐曲展现了绚丽多彩而又富于独创性的对比、华丽而高超的复调手法、活跃而宏伟的旋律，可以说，巴赫用这首作品把大协奏曲这种当时已经趋于过时的体裁推向了最后的高峰。6首协奏曲的风格迥异，不仅乐器组合彼此不同，而且协奏方式也各异。第一、三、6首中没有独奏乐器组，协奏关系表现为在乐队分与合的布局之中，接近室内交响乐的风格。第二首是长笛、双簧管、小提琴和高音小号的四重协奏曲。第四首是小提琴和两支长笛的三重协奏曲。第五首是羽管键琴、小提琴和长笛的三重协奏曲。

②《平均律钢琴曲集》

《平均律钢琴曲集》又称作《前奏曲与赋格曲集》，分为上下两卷，每卷各有24首前奏曲和赋格曲，是为小键琴而作，这是巴赫很钟爱的一种乐器。上卷完成于1722年，下卷完成于1744年，前后历时20余年。这段时期是巴赫一生中创作的旺盛期，曲集的最终完成是巴赫对复调音乐探索的总结，所以音乐评论家说这部作品是“巴赫大全”。巴赫以《平均律钢琴曲集》首次为平均律的创作竖立典范，影响极为深远。这套曲集是钢琴文献中最重要的作品之一，被世人称为钢琴音乐的“旧约”。《平均律钢琴曲集》集复调音乐之大成，精美的旋律、千锤百炼的主题和匪夷所思的复调作曲技法随处可见，代表了巴赫器乐创作的最高成就。

3. 乔治·弗里德利克·亨德尔

(1)生平介绍

亨德尔(1685～1759)出生于德国的哈勒城。亨德尔少年时期曾跟随当地风琴师、作曲家学习音乐，后来担任哈勒礼拜堂的风琴师，开始创作。1703年，亨德尔迁居汉堡，担任汉堡歌剧院的提琴师。1705年，他的歌剧作品《阿尔米拉》和《尼罗》在汉堡歌剧院上演，获得成功。1706～1710年，亨德尔在当时的世界歌剧中心意大利四处游历，广泛接触了意大利的音乐文化，开阔了艺术眼界。1709年，他创作的歌剧《阿格里皮娜》在威尼斯上演，得到了意大利歌剧界的一致好评。1712年，他定居英国，对英国音乐产生了深远的影响。

亨德尔很重视英国社会新的艺术趣味，创作了大量歌剧。他的作品结构宏伟，风格简洁明快。他在英国组建了皇家歌剧院，其歌剧多取材于古代历史和神话，曾一度轰动英国社会。后来，英国的舞台上出现了一种针砭时弊的用英语对话、配上流行曲调的歌舞剧。加上英国人对意大利歌剧的厌倦，亨德尔屡遭失败，剧院濒于破产。亨德尔从《圣经》中汲取营养，选用的题材广受英国民众欢迎，配上气势雄伟的领唱、合唱，以前所未有的英雄性与史诗性，引起民众的强烈共鸣。亨德尔的《水上音乐》等大型管弦乐合奏曲，也都有雄浑、强劲的特点。

亨德尔是德国人，但其在英国的创作生涯长达50年，英国人称他为“大协奏曲之王”，封其为民族音乐家。他晚年双目失明，死后被隆重葬入英国名人墓地——伦敦西敏寺大教堂的南耳堂。代表作有管弦乐曲《水上音乐》和《焰火》、清唱剧《弥赛亚》等。

(2)代表作《水上音乐》

《水上音乐》又称《水乐》、《船乐》，是一首管弦组曲。传说，亨德尔是在英国伦敦泰晤士河上为新即位的英皇乔治一世演奏的，故有“水上音乐”的美名。《水上音乐》共有20首小曲，开始是一首法国式的前奏曲，其后是布莱舞曲、小步舞曲等各种形式的舞曲，同时也有缓慢乐章。乐器使用了小提琴、低音提琴、日耳曼横笛、法兰西横笛、双簧管、圆号、小号等。

第二单元
想象与语言表达能力训练

第一部分　理论概述

想象是一种特殊的思维形式，是人在头脑里对已储存的表象进行加工改造形成新形象的心理过程。想象与思维有着密切的联系，都属于高级的认知过程。它们都产生于问题的情景，由个体的需求所推动，并能预见未来。想象是人类特有的对客观世界的一种反映形式，它能突破时间和空间的束缚，达到“思接千载”、“神通万里”的境界。

人的想象可以分为两种：一种是再造想象，另一种是创造想象。

再造想象指依据别人语言的描述或图样的示意，运用自己积累的感性形象材料，在脑海中再造出相应的新形象。例如，建筑工人根据建筑蓝图想象出建筑物的形象；没有领略过海南岛风光的人们，通过阅读描写海南岛风光的作品，在脑海中形成有关海南岛的形象。再造想象的形成要求有充分的记忆表象做基础，表象越丰富，再造想象的内容也就越丰富。同时，再造想象也离不开语言思维的组织作用。

创造想象是根据一定的目的、任务，利用以往经验在头脑中独立创造形象的过程。创造想象具有首创性、独立性和新颖性等特点，是人类创造性活动不可缺少的心理成分。工人、农民、技术人员关于生产工具与产品的发明和改进，科学研究人员关于研究的设计与研究成果的预见，文学家、艺术家关于艺术形象的塑造与故事情节的构思，实际上都是创造想象的过程。

再造想象和创造想象，都是以丰富的生活积累和广博的知识为基础的，同时它们又是相互作用、相互影响的，推动着整个创造过程。要想具有丰富的想象力，必须注意观察生活和积累知识，所谓“行万里路读万卷书”。

本单元的训练中，我们既要运用再造想象，把音乐节奏、旋律转化为具体形象；又要运用创造想象，创造新形象。

本单元将分四个小节进行想象力训练，分别是时间想象、空间想象、人物想象、事件想象。时间、地点、人物、事件是不能完全割裂的，但是为了训练的有效性，所以我们将其分成不同的环节，有侧重地进行强调和训练。

一、时间想象

任何一个作品在开篇时都要把时间、地点、人物、事件介绍清楚，而首先要交代的是时间。因为时间就是历史背景和社会背景，在什么样的历史条件下就会有什么样的人物和事件，所以时间的介绍十分重要。我们必须通过想象，捕捉音乐作品中不同时间的特点，如晚秋的午后有瑟瑟的秋风、发黄的落叶、惨淡的阳光，晚秋的清晨有树叶上的晨霜、湖上的雾气，早春的清晨有融化的溪水、嫩绿的柳枝、清脆的鸟鸣等。通过训练，学生们可以借助音乐形象表现具体时间。在短片制作中，学生们应将时间介绍得清楚具体,尤其是事件发生的时间、人物所处的背景。另外,不同地点也有不同的时间特色,例如哈尔滨的早春早晨和海南岛的早春早晨是完全不一样的。时间不同、氛围不同,因此时间的选择和表达也是塑造不同氛围的艺术手段。

二、空间想象

空间也就是人物活动、事件发生的具体地点。介绍时间后,接下来就是介绍地点和环境。不同的地区有不同的特点,山区、平原、沿海、城市和乡村都有自己独有的特征。同时,地点、场景的介绍也是时代背景和社会风貌的体现。

空间的介绍,一定要注重表现当时的时代氛围。例如:改革开放之前和改革开放之后,各地的变化都相当大,街道、建筑物等都有明显的不同。如果不把具体地点的特征介绍清楚,人物、事件就会脱离实际生活,使人们感到虚假不可信。就好比把改革开放前农民的形象和那时候发生的事件,放在今天新农村的小楼房中,那就很不合适。又如表现春节,当然主要表现喜庆明快的情景。但首先要弄清楚是哪一年的春节?哪个地区的春节?是南方?是北方?是城市?是农村?比如春节一般都有舞龙舞狮,但南方和北方的舞龙舞狮却有很大不同。因此,应当提供典型环境,以利于事件的发生发展和人物精神风貌的展示。

三、人物想象

我们必须明确,时间、地点的设置和介绍都是为塑造人物形象服务的。因为人物是主体,一个作品的主题思想是通过人物的行动来体现的。在塑造人物形象时,应注意以下几点：

(1)注意人物出场。在人物出场之前，我们必须为其做好铺垫，使观众对人物的出场有所准备，不至于感到突兀。

(2)表现人物鲜明的性格。人物性格应鲜明、生动，应充分表现人物所处的环境、人物的语言行动等。

(3)揭示人物独特的心理。准确地揭示人物的心理，使人物的语言行动都有可信的依据。例如有的人总有一种消极心理，对任何事情都只看负面，哪怕是对好事，也总持怀疑的态度。又如有的人总是积极乐观，哪怕是对坏事，他也总是往好处想。因此揭示人物的心理，能使人物行动符合逻辑，并展示出人物独特的性格和精神面貌。

(4)突出人物具体的行动。人物面临的问题越多、任务越艰巨，越能展示人物性格。因为人物性格是通过人物行动来刻画的，所以必须使观众看到人物做了什么？怎样做的？为什么这样做？

(5)刻画人物的对立面。要交代清楚人物所处环境的险恶，刻画人物的对立面。因为对手越强大，矛盾斗争就越激烈，故事越有可看性。就好比体育比赛，如果对手实力一般，比赛就不会激烈。正是因为对手强大，双方势均力敌，比赛才精彩、扣人心弦。

(6)注意人物性格的发展变化。要交代清楚人物性格发展变化的前因后果。例如一个人原本是一个对一切漠然、不负责任的人，后来变成一个非常严谨、十分负责的人，那么一定要交代清楚他性格变化的依据。

人物刻画是作品最重要的环节，人物刻画的好坏，直接影响作品的成败。所以，一定要塑造人物、表现人物。

四、事件想象

表现一个事件离不开时间、地点，更离不开人物。因为人物是事件的主体，要通过事件塑造人物形象，所以事件是为人物服务的。

如何把一件事情表达清楚？要注意以下几个问题：

(1)明确讲述事件的目的。因为目的明确了，主题也就有了，目的决定了事件的发展。

(2)明确如何讲述事件。要有一个完整的构思、一个总体的布局，也就明确了需要哪些素材。

(3)明确如何开头。开头设计要能引人入胜，要给人以期待。开头设计包括切入点设置、矛盾设置、悬念设置等。

(4)明确作品的结构要素。事件的发展一般可分为四个阶段：起因、发展、高潮和结局。考虑整个作品分几个段落？每个段落的内容是什么？这就好比摄影师拍摄作品时，一定要明确前景是什么？中景是什么？远景是什么？要明确哪个段落最重要，也就是最能体现主题。

(5)明确作品的主题。一定要舍弃与主题无关的内容，而突出那些与主题相关的内容。

第二部分　教学内容与同步练习

一、教学内容

(1)讲解想象的相关理论与音乐知识。

(2)介绍古典主义音乐家海顿、莫扎特、贝多芬，浪漫主义音乐家韦伯、舒伯特、柏辽兹、舒曼、门德尔松的生平与代表作品。

二、同步练习

(1)用海顿《G大调第九十四交响曲(惊愕)》第二乐章行板做空间想象能力训练,并制作短片。

(2)用莫扎特《小步舞曲》、贝多芬《升c小调第十四钢琴奏鸣曲(月光)》《c小调第八钢琴奏鸣曲(悲怆)》做时间想象能力训练,并制作短片。

(3)用韦伯《魔弹射手》序曲、舒伯特《小夜曲》《军队进行曲》做人物想象训练,并制作短片。

(4)用门德尔松《无词歌》做事件想象能力训练,并制作短片。

第三部分　教学方法、目的与要求

一、教学方法

(1)反复播放音乐,要求学生熟悉音乐。

(2)在熟悉音乐的基础上,要求学生进行想象并进行表达。

(3)教师根据音乐对学生的表述进行判断,纠正不符合音乐内容的想象和表达。

(4)学生通过教师的指导,补充、优化自己的表达,再次根据音乐进行表达,要层次分明、富有深意。

(5)教师对练习进行点评,并找出问题所在,对优秀的学生表述进行录音。

(6)在生活中寻找素材,制作一个短片并配乐。

二、教学目的与要求

1.教学目的

第二单元属于元素训练单元,主要锻炼学生的音乐想象能力。

2.教学要求

播放音乐时,学生应在脑海中展开想象,产生清晰的形象,并进行表述、制作短片。要求表述的形象与音乐内容、训练要求相符合,剧本结构合乎要求,镜头运用基本合理。

第一环节的空间想象要求学生捕捉从音乐中感受到的具体空间,进行表述。所描述的场景或环境,必须是音乐引发我们想象到的,可能是一个宴会场面、一节破败的车厢,可能是温馨的小屋、冰冷的牢房……

第二环节的时间想象要求学生捕捉从音乐中感受到的时间特点,进行表述。比如表现早晨,就要找到早晨这个时间段所具有的特点:晨露、朝阳、雾气等;比如表现春天,就可以罗列春天的景象:迎春花的开放、柳枝的抽芽、溪水的融化……时间一定要具体,不仅有季节,而且要具体到早上、中午、深夜,越具体越好,使学生学会用音乐来表现具体时空、烘托时空氛围,并制作短片。

第三环节的人物想象要求学生捕捉从音乐中感受到的具体的人物形象,进行表述,例如人物的动作、神态、服饰等，从而表现人物独特的个性。他或许是衣衫褴褛的乞丐，或许是大义凛然的革命者，或许是暮气沉沉的老人，或许是充满朝气的儿童……通过该环节的训练，使学生学会用音乐塑造人物、表现人物、烘托人物，并制作短片。

第四环节的事件想象要求学生根据音乐想象一个具体的事件。事件中的时间、地点、人物要表述清楚，矛盾冲突要尖锐……总之，要表达一个完整的事件。训练包括语言表达和短片制作。

通过时间、空间、人物、事件想象训练，可以提高学生对音乐的感受、理解能力，掌握如何用音乐辅助表现具体的内容，提高学生的艺术素养。更重要的是，使学生了解如何组织一个作品，提高短片制作能力。

第四部分 学生作业例稿

一、语言表达作业

1. 空间想象

〔奥地利〕海顿《G大调第九十四交响曲（惊愕）》第二乐章行板

作业一

我来到了这无边的海水世界之中，感觉是如此放松自如。除了这乌黑的礁石，只有蓝色的海水和天空与我为伴。这与别人口中五颜六色的海底世界相差是那样的遥远，难道是我错了吗？

忽然，我来到了一个不一样的世界，我来到了真正的海底世界：红色的珊瑚、黄色的海星，还有海马、鱼群、海龟，这个才是我所向往的海底世界。我趴在一只巨大的海龟背上，开始游览这个天然的水族馆。一只鲨鱼在那里游移着，张着血盆大口寻找着猎物。我轻轻地沉到了水底，生怕它发现了我，我现在只有耐心地等待，等待着它离去。

作业二

小宓轻手轻脚地走进了姐姐的房间，这个从来都被姐姐严密看管的地方。她好奇地转了转脑袋，偷偷地躲到柜子后面，向屋里看了看，想确认到底有没有没人。砰的一声，门竟然自己关了，这突如其来的巨响把小宓吓了一跳，她赶紧躲到了床底下。她用拖到地上的床单遮住自己，想把自己藏得更深一些。过了一会儿，她觉得没人，自己又慢慢地爬了出来，开始观察这神秘地带。

看得出来姐姐很喜欢看书，那高大的书架上简直都已经摆不下了。和那些书一样多的是那梳妆台上的化妆品，密密麻麻地让人眼花缭乱。窗口有人？哦，原来是风吹动了窗帘，给房间里投下一道道漂亮的影子，让光滑的地板也起了变化。小宓幻想着自己也能有这样一个空间，让自己每天都待在里面，她都愿意。可现在，她得出去了，一会姐姐回来了可不好。于是她小心地看了看四周，抹平了床单，也拉开了窗帘，觉得一切都没变化后走出了房间。

作业三

很久很久以前，有一个漆黑的山洞，传说里面住着一只妖怪，多年来村里的人都不敢靠近这个山洞，生怕惊醒了妖怪。有一天，一个充满了梦想的小女孩听说了这个传说，在好奇心的驱使下，她来到了那个山洞。山洞里黑得伸手不见五指，但她还是鼓起了勇气向山洞的深处走去。大风吹来，大水冲来，有多少次，她觉得黑暗中闪动的阴影是妖怪的身影，狭小蜿蜒的道路是妖怪布下的陷阱，墙壁上刻下的古怪图案是妖怪的咒语……但她没有退缩，好奇心促使着她不断向前，再向前！突然，她看见了阳光、蝴蝶、麦田和劳作的人们。虽然小女孩对于这个答案非常失望，但她穿过这个山洞之后，知道了这个山洞就是山洞。而在其他人眼中，它依旧还是传说中妖怪的居所。

作业四

一只聪明伶俐的小老鼠，在一个别墅里住了一个多月了，每天的生活就是吃了睡，睡了吃，偶尔还啃个家具玩玩，好不惬意。然而，就在前几天，别墅的主人突然买了只猫回来，吓得小老鼠待在洞里，一天都不敢出来。这天晚上，小老鼠躺在床上，摸着饿扁的肚子，怎么也睡不着。想了好久，它决定还是要出去会会这只大猫。它悄悄地起身，走到鼠洞门口，探出头。看见那只大猫居然趴在厨房门口睡觉，大猫肥硕的身体挡住了厨房的门。在大猫的爪子底下，正压着一块还没吃完的美味奶酪。小老鼠舔舔嘴巴，蹑手蹑脚地向大猫走近。这大猫睡得香甜，丝毫没有要醒过来的迹象。小老鼠慢慢地把爪子伸向了那块奶酪，眼看就要碰到的时候，突然那大猫一翻身，吓得小老鼠一个激灵躲到桌子底下。过了一会儿，小老鼠又悄悄地探出头，发现大猫并没有醒过来，反而因为翻身，把奶酪掉了下来。小老鼠踮起脚，悄悄地走近大猫，一把把奶酪抱在了怀里，一溜烟儿地跑回了鼠洞。吃完奶酪后,小老鼠躺在床上心满意足地睡着了。

2. 时间想象

(1)〔奥地利〕莫扎特《小步舞曲》

作业一

清晨,当我推开房门,看见天井里那株矮小的迎春花在寒凉的淡雾中绽出一星浅黄的花时,我仿佛被什么细小的东西猛叮了一下。春天,春天真正地到来了,我在一种莫名的激动和战栗中迎接这第一朵鲜花。它淡雅、清香、宁静而妩媚。它像春天的信使,含蓄而温婉地告诉人们春天来到的消息。看着那些刚睡醒的小草,嫩嫩的、绿绿的,让你情不自禁地想去靠近它们、抚摸它们、亲吻它们。那草叶上点点晶莹的露珠,湿润了我的嘴唇,也湿润了我历经严冬而干涸已久的心田。

听,山间的溪流冲破了冰雪的阻隔,开始了融冰之旅。它将冰雪打磨切割,渐渐消融。那欢快的流水声如同大地震颤的心跳,和着这初春的太阳,使大地重新获得了生机。

当蔚蓝的天空里又一次飘满五彩的风筝和欢悦的鸟鸣时,当含苞待放的花蕾渐渐苏醒时,当和煦的春风拂面而过时,春天也真实地到来了。

作业二

初春的池塘里,温暖的阳光照射在水面上,冰雪消融之后的水面生机盎然、碧波荡漾。春风过处,水面泛起了涟漪。一圈一圈,越来越大,直到消失。成群的鱼儿浮出水面,它们抢食、嬉戏。刚刚过完冬的野鸭,带着一群鸭宝宝穿梭于水面。小鸭们一个个转着圈,扎到水里,再游回到妈妈身边,看起来是多么惬意。池塘边的泥土里正悄悄地孕育着生命：种子慢慢地发芽。小草一截儿一截儿地钻出地面，旁边的小树上点缀了许多的嫩芽，看上去绿绿的、嫩嫩的。嫩芽丛中还有几只小鸟，叽叽喳喳，欢快地唱着、跳着，用自己优美的舞姿向春天里的伙伴传递着春的喜悦。眼前这欣欣向荣的景象，使得初春的池塘充满了活力。

作业三

迎春藤上飞来一只金翅雀，它扑棱了一下翅膀，欢快活泼地在树枝间跳跃着。它放开喉咙，清越啼鸣。它那伶俐的小脑袋不时转动着，仿佛在欣赏这春景。

它小嘴的粉红、羽毛的金黄，与地上含笑怒放的野花儿相呼应。在阳光下，那朦胧的昏黄，像极了一个刚从柳枝的嫩芽中诞生的小精灵。

微风过处，柳枝轻拂。朵朵迎春花瓣随风飘落、起舞旋转，有的落到哗哗流淌的溪水中，仿佛一只只小舟顺流而下。有的停落在未化的冰块上，仿佛一只只小舟还在岸边等待出发。

而溪边田里的农夫不能再等了，他早已辛勤开耕，因为他知道：春时多耕耘，秋时多收成。

(2)〔德〕贝多芬《升 c 小调第十四钢琴奏鸣曲（月光）》

作业一

鹅毛般轻盈的雪花，在街边昏黄而微弱的灯光下，徐徐落下，在与地面接触的一瞬间化为乌有。深冬的街道由于雪花的降临，显得格外幽静。黎明时分，所有的生命都开始苏醒，但是由于这洋洋洒洒的雪，使得一切都放慢了脚步。冷风嗖嗖地吹着，街道上空无一人，仿佛不忍在洁白的地面上留下黑色的脚印，又或者不忍心打破这份宁静。只有昏暗的天幕渐渐地变亮,由灰黑变成灰白,只有那被冷风吹得瑟缩的草木,静静地等着雪花为它们穿上洁白的新装。昏黄的街灯收回了微弱的光亮,似乎给了雪更纯净的空间,那一刻天更亮了,雪更白了。

作业二

一个生命垂危的病人从房间里看见窗外的一棵树,在秋风中一片片地掉落下来。病人望着眼前的萧萧落叶,身体也随之每况愈下,一天不如一天。他说:"当树叶全部掉光时,我也就要死了。"一位老画家得知后,用彩笔画了一片叶脉青翠的树叶挂在树枝上。最后一片叶子始终没掉下来。只因为生命中的这片绿,病人竟奇迹般地活了下来。温馨提示:人生可以没有很多东西,却唯独不能没有希望。希望是人类的一个信念。有希望之处,生命就生生不息!

(3)〔德〕贝多芬《c小调第八钢琴奏鸣曲(悲怆)》

作业一

夕阳缓缓下沉,霞光从西山的暮霭中放射出来,绚丽多彩。几抹白色的淡云,静静地依偎在一起,凝望着地上的生命。落日的余晖洒满整个城市,驱赶着白昼的喧嚣。城市的霓虹灯早已亮起来,奏响了夜生活的序曲,准备迎接另一种繁华和喧闹。

走过疲倦的黄昏,穿过热闹的街道,行人的身影被晚霞长长地拖曳,犹如断了线的风筝,来来往往、走走停停。当最后一缕光线枯萎在路边店面的透明玻璃上时,当白昼悄悄地退出人们的视线时,当无垠的黑暗漫过天际、漫过斑斓的星光、漫过撩人的新月时,报时的大笨钟响彻云霄。

作业二

当疲惫的太阳收起白日的光华，浮尘便在斜射的阳光里沉淀。当夜的使者悄悄来临，城市上空的各种灯又送来了光明。随着星星的出现，白天浮躁的气息便被过滤得清爽而又怡人了。我喜欢在夏天的夜晚去找寻自然界的乐队，倾听它们演奏，更让我心情舒畅。找一个安静的地方坐下，静静地聆听着蛙蝉合鸣的交响曲，那是一首温情和弦在夜晚的上空萦绕。而萦绕的不仅是这歌声，还有闪闪发亮的萤火虫，东一只、西一只。黑夜中这零星的绿色，犹如跳动的音符。夏天的夜晚，在公路旁、马路边、公园里，你总能看到很多乘凉的人。有庭院的人家总会搬出一把凉椅，就这样静静地坐在树下，听着知了的叫声，摇着蒲扇，享受一天里难得的凉风，在摇椅规律的晃动中，就这样入睡。

3. 人物想象

(1)〔德〕韦伯《魔弹射手》序曲

作业一

这是一片建筑工地，一栋四合院孤零零地伫立在那里，过不了多久，它也将消失在历史的长河中。白发苍苍的陈老太太静静地站在门口，可以看出，她今天经过了精心的装扮，花白的头发被扎成了一束，身上洗得发白的衣服烫得整整齐齐，左手的那根拐杖已经伴随了她很久。她一步一步地朝院子里走去，想看一看那个伴随了她一生的四合院。她轻轻地抚摸着木门，抚摸着窗户，抚摸着院中的那口老水缸。她想让这院子里的每一样东西都在自己的心中留下永久的记忆，就如同岁月在她脸上留下痕迹。当她走进其中一间房间的时候，眼中闪出一丝亮光，这就是那个与她相伴半个多世纪的房间。虽然房中的家具已经搬空,虽然已经蒙上了厚厚的一层灰尘,虽然已经结上了一张张蜘蛛网,但是她仍旧能够说出床在什么地方、柜子在什么地方。

不知过了多长时间,门口响起了一声汽车喇叭声。她该走了,这个四合院也该走了。

作业二

被烈日炙烤得焦黄的河岸上,一队蓬头垢面、衣衫褴褛的纤夫拖着沉重的脚步拉着货船,在酷日下筋疲力尽地向前挣扎。他们中有老有少,领头的是一位胡须斑白的老者,眼睛深陷,头上搭着一块破旧的毛巾,坚毅的面孔透出饱经风霜的智慧,但愁苦的表情仍然显示了他对于艰苦生活的无奈。一步一步,绳子在肩头勒得越来越紧,烈日下的他却没有多余的力气去擦额角的汗水,只能在心里无奈地喊着,一二一二一二。

作业三

这是楚楚第一次离开中国,离开外婆,在中国,她从未感受过如此寒冷的冬天。

在法西斯的看守下,楚楚每一天都在噩梦中惊醒。她是个十分漂亮的女孩,有着白皙的肌肤。在中国时,外婆给楚楚剪了好看的齐耳短发,看上去纯真可爱,圆圆的大眼睛似乎能把人看透。即使在最悲伤的时刻,楚楚的嘴角也总是微微上扬,让人感到温暖。可是可怕的战争毁掉了一切,楚楚那白皙的肌肤让她躲过死亡的灾难,却是另一场噩梦的开始。

楚楚穿着法西斯的军大衣,在风中慢慢挪动脚步迈向那个可怕的手术室。她睁大了眼睛,怒视着眼前的一切,眼中透着的只有寒意和冷漠,连眼泪都不曾流过一滴。双颊被冻得通红，双唇在风中不停地颤动，那是一张欲哭无泪的面容。

她的小手紧紧地抓着衣角，她想逃离却毫无办法。她光着脚走在雪中，她的鞋不知丢到哪了。尽管双脚已被冻得通红，她却丝毫没有知觉，只是咬着牙默默地忍受。

(2)〔奥地利〕舒伯特《小夜曲》

作业一

都说最美不过夕阳红。晚霞下相互搀扶着的老夫妻，无疑是最美的夕阳红。两位老人满头银丝，虽然步子略显蹒跚，但却一直相互扶持缓缓前行。岁月的无情刻在了他们深深的皱纹里，却消失在了他们相互关爱的眼神里。时而，老爷爷会稍稍地走在前面，老婆婆则拉着老爷爷的手，静静地跟着。那一刻，十指相扣的那两只手，成了世界上最美丽的手。

两位老人亲昵地依偎着，漫步在夕阳下的枫树林里，足下的红枫叶发出轻轻的沙沙声。那两头雪花般飘动的银发和晚霞渐渐融在了一起，成了金秋里一道亮丽的风景。

作业二

白日的繁华掩盖不了夜的凄凉，在这座立交桥下，每个晚上总有一个孤独的身影。

他从农村来到这座城市已有几个年头，他不停地辗转于不同的建筑工地，干着最脏最累的活。为了省钱，每晚只能睡在这座立交桥下，他已经忘记了这样的日子有多长时间了。

他静静地坐在那仅有的一张棉絮上，眼神呆滞地望着前方。那张饱经沧桑的脸上沾满了泥土，手上长满了厚厚的老茧，手心里还有几处干活时留下的伤痕。他身上还穿着那件从家出来时的衣服，破旧不堪、沾满泥土。

他随手从地上捡起别人扔的半截香烟，划了根火柴轻轻点燃，用那只干瘪的手夹着，用干裂的嘴唇轻轻抽着。在这个凄凉的夜晚，他那双眼睛在吐出的烟雾中似乎格外地哀愁。

作业三

浴室的灯光昏黄、暗淡，却显得静穆而神圣。

马拉静静地斜躺在浴缸里，他久久地睡着了。

他紧闭的双眸显得那样痛苦和难以忍受，

他微张的双唇似乎在诉说着无奈和绝望。

鲜血染红了浴巾和浴缸里的药液，

他渗血的伤口记录了残暴和屠戮。

他握着羽毛笔的手，低垂在浴缸之外，是那样的苍白、瘫软、无力。

他再也不能拿起笔来抨击封建专制，再也不能宣扬民主。

他的另一只手摊放在地板上，手中的纸条上写着：

“请把这五法郎，给一个五个孩子的母亲，她的丈夫在战斗中牺牲了。”

作为雅各宾派的领导人、作为“人民之友”，马拉至死都没有忘记人民，但他遭到了王党与刺客的屠杀。

或许马拉并不高大，但他却像一座丰碑，屹立在人们的心中。

(3)〔奥地利〕舒伯特《军队进行曲》

作业一

有人说他勇敢机智，是位能征善战的军事统帅；有人说他头脑简单、行事鲁莽，是个有胆无识的冒险者；有人说他行事民主、信任部下，是位风度翩翩的绅士；有人说他脾气暴躁，是位典型的战争狂徒。

当强烈的日光炙烤着金色的撒哈拉沙漠时，乔治·巴顿将军指挥着千军万马与德军激战正酣。只见他笔直立于阵前，凝望着前方的战场，眼神里充满了刚毅与自信，眼角的皱纹记录着一位老兵辉煌的过去，稍稍下弯的嘴角给人一种军人独有的威严。他身材高大，一身整齐的军装，擦得油亮的马靴为他平添几分威严、几分霸气。

巴顿将军，他一生都在战斗，他是为战争而生的，他永远是战场上最终击溃敌人的勇士。

作业二

深夜，雅典娜神庙里有人在哭泣。原来是少女美杜莎，这哭声惊动了正在熟睡的雅典娜。雅典娜立刻质问是怎么回事儿，原来是海神波塞冬强行进入了神庙，强暴了美杜莎。这让雅典娜怒火中烧，神圣不可侵犯的帕特农神庙哪能发生这种事情，必须有人来承担罪责……

啊，还没等美杜莎反应过来，她的头发已变成了一条条毒蛇缠绕，她的脸变得干裂粗糙，她的眼睛变为石化万物的利器，她的脖子上长满了鳞片，她的双腿变成了蛇的尾巴。曾经倾国倾城的她，如今是面目可憎的怪物。原来这一切都是雅典娜的主意，元凶波塞冬是她的叔叔，雅典娜无法让他承担罪责，索性让美杜莎承担了这一切。在西方的神界，公道往往被权力践踏，女妖的悲鸣从此开始。

4. 事件想象

〔德〕门德尔松《无词歌》

作业一

今天的巴黎圣母院和往常一样，肃穆而又安静。夕阳的余晖微微地斜照着尖塔里的一切,可就是照不进那尘封已久的心灵。这位可怜的敲钟人像往常一样,在塔楼上一声又一声地撞击着大钟。可是这一次不是用木头,而是用他的头,看着远处的广场,他的眼神忽地亮了起来。

那天夜晚,他不顾一切地夺门而出,把姑娘从绞刑架上抢进了圣母院,并将她藏在自己的房间里。他像守护神一样睡在房门口,并誓死时刻保护姑娘的安全。看着渐渐熟睡的艾丝梅拉达,他心里不时升起一股股暖流,我心中的女神啊,你可知道我有多么爱你,任何人都不能把你从我身边带走,如果有一天你垂垂死去,我的灵魂连同躯体都将永远和你相偎相依。说着,卡西莫多轻轻地拨弄着姑娘的发丝。突然,她醒了,她被敲钟人丑陋的面孔吓坏了,大叫一声。她感到害怕,为这张丑陋的脸而恐惧。卡西莫多急忙逃走,他再一次绝望,身体里的暖流迅速凝固。他疯狂地跑着,他跑到钟楼上用自己的头拼命地撞击着大钟,一声又一声,低沉的钟鸣声如泣如诉!

作业二

奶奶什么都会做,她会自己擀饺子皮给我们包饺子吃,会给我们做咸菜、馒头和面疙瘩汤。这些都是我觉得最好吃的美味。奶奶总喜欢看着我,抿着嘴淡淡地笑。

可是那年夏天,奶奶觉得身上疼,于是到医院检查,发现自己患了癌症,已经接近晚期。可那时的我还小,不知道奶奶为什么要没日没夜地坐在她的老式缝纫机前。我趴在缝纫机上问奶奶,奶奶你在做什么。奶奶说,奶奶要给你做一件最暖和、最漂亮的棉马甲。那时的我根本不懂得去想奶奶为什么在夏天给我做棉马甲,我只记得那件黑红色缎面的棉马甲刚一做好,奶奶便住进了医院。

痛苦的化疗让奶奶的头发都掉光了,为了不吓着我，每次去看奶奶，她都戴着帽子。我看见奶奶手上的针孔和那张憔悴的脸，我哭了，我哭着对奶奶说，奶奶一定很疼很疼，可奶奶仍然淡淡地冲我笑。奶奶不是不疼，而是比起癌症的折磨和化疗的痛苦，这些已经算不上疼了。可奶奶却那么坚强，一直微笑地面对。病魔无情地折磨了奶奶大半年的时间，奶奶不愿一直躺在医院，她不想在医院里度过她最后的日子。她想用最后的日子给我做好吃的，跟家人一起度过，留下美好的记忆，她希望能够在温暖中离去。

奶奶走了，可她最后走的时候都是带着笑去的，留给我的是永远慈祥的奶奶和那个无比温暖的棉马甲。

作业三

涌动的人群，喧闹的车站，他就站在我的对面，我看着他没有说话。我知道，他是一个军人，上战场是他的使命。他看着我，坚定的眼神告诉我，他会平安回家。我上前握住他的手，此刻我的身边，有的人在互相拥抱告别，有的人在掩面痛哭。我静静地握住他的手，此时无声胜有声。

火车开动了，他从车窗伸出头，看着我。我再也忍不住了，我随着火车跑了起来。我伸出手，用尽力气想要和他的手相触。我要告诉他，你一定要回来，我相信，你会回来。

二、短片作业（见在线学习资源）

（1）《普罗旺斯》

（2）《郜丽华》

（3）《黄健翔事件》

附 古典主义音乐至浪漫主义音乐(一)

一、古典主义音乐

18世纪下半叶,从法国兴起而遍及欧洲的启蒙运动是文艺复兴在新的历史条件下的发展。它是经济力量进一步发展壮大的资产阶级,为取代封建阶级而发动的思想攻势。启蒙主义学者们提出了以人道主义为核心的自由、平等、博爱、理性等口号,并成为1789年法国大革命的旗帜。在“狂飙运动”的影响下,18世纪欧洲的艺术与音乐走向高度繁荣,在西方音乐史上被称为“古典主义时期”。古典主义时期可分为两个阶段:前古典时期和维也纳古典时期。

古典主义音乐有以下特点:

(1)由于新兴资产阶级的参与,市民对音乐的兴趣增加,城市中广泛建立剧院、音乐厅,酒馆、集市等公共场所的音乐活动也很频繁。

(2)以往的音乐家处于贵族和教会的奴仆地位,启蒙运动为音乐家指出了一条独立、自尊的艺术创作之路,使他们意识到艺术家自身的独立价值。

(3)由于音乐家地位的改变,音乐作品有了新的内容和形式。这一时期产生了海顿充满生机、热爱生活的交响曲和四重奏,也有了莫扎特深刻的抒情作品,这些作品都鲜明地体现着启蒙的进步思想和美学原则。尤其是贝多芬,他的作品是启蒙主义理想在音乐中最完美的体现。

海顿、莫扎特、贝多芬先后在维也纳生活创作，他们之间有着内在的继承关系，共同对欧洲音乐史产生了久远的影响，被后人称为“维也纳古典乐派”。

当时的维也纳是奥地利帝国的首都，也是欧洲的文化艺术中心。法国大革命前后，这个城市经历过约瑟夫二世施行的“开明专制”，后来又成为封建复辟时期的反动堡垒。

维也纳是王公贵族的聚集地，每个宫廷都有自己的剧院、乐队，经常举办舞会、音乐会。贵族热衷于音乐，并以做艺术家的保护者为时尚。同时，维也纳普通的市民生活也很活跃，有公开卖票的音乐会。

1. 弗朗茨·约瑟夫·海顿

(1)生平介绍

海顿(1732～1809)出生于奥地利、匈牙利边境的罗劳村的一个贫苦家庭。海顿的父亲是一个马车制造匠，以修造马车为生，母亲是个厨娘。尽管父母亲都是普通的劳动者，却都热爱音乐，这使海顿从小有机会受到音乐的熏陶。海顿 6 岁时离开家庭，到海因堡学习弹奏大键琴，受到老师的责罚和鞭打，度过了痛苦的童年。但他自幼熟悉奥地利多民族的民间音乐，这使他一生受益匪浅。海顿青少年时期生活艰难，受到维也纳理发师约翰·彼得·凯勒的照顾。凯勒将大女儿嫁给了海顿，海顿性情温和，而妻子却性格暴躁，对音乐一窍不通，常常将海顿辛苦完成的手稿毁掉。

1761 年，海顿获得匈牙利贵族宫廷乐长职位，获得了安定的生活条件和创作实践机会。18 世纪 90 年代，他离开宫廷开始游历英国，回国后定居于维也纳。这个时期他创作了著名的 12 部《伦敦交响曲》，还有清唱剧《创世纪》和一些优秀的四重奏作品。

海顿的作品大多数有编号、标题。制定标题有两种方式：

一是“纪念法”，例如海顿在牛津大学被授予音乐博士学位时所演奏的曲子名为《牛津交响曲》，又如曾受到路易十六皇后玛丽·安东尼嘉许的曲子名为《法国皇后》。

二是“联想法”。曲中音乐主题像鼓声的名为《鼓声》，像钟声的名为《钟声》，也有抽象的如《晨》、《午》、《暮》等。

完美的古典交响曲和四重奏形式，是海顿留给后人的珍贵遗产。晚年的海顿享受到世人对自己创作的尊重，他更把乐观、活力、理智和均衡赋予他的音乐，并希望给人们带来欢乐和力量。海顿的作品中充溢着健康、明快、幽默、轻松的气息。

(2)轶闻趣事

①《刮胡刀四重奏》的由来

海顿有一部作品叫《刮胡刀四重奏》。相传海顿有一次拿了一把很钝的刮胡刀，生气之余大叫“谁能给我一把好刮胡刀，我就把最好的四重奏作品送给他!”这句话正巧被登门的出版商布兰德听见，趁机送上一把英国制刮胡刀，结果他果然得到了一首不可多得的作品《刮胡刀四重奏》。

②“海顿爸爸”

1809年5月10日，拿破仑大军攻破维也纳，法军炮火轰炸不断。居民惊慌失措，已经77岁的海顿却说，“别担心，只要是海顿在的地方，灾祸就不会降临”。

拿破仑派卫兵为海顿站岗，一位轻骑兵士官还走进客厅演唱海顿的《创世纪》，表达崇敬之情。

5月26日，一颗炮弹在海顿家门前爆炸。海顿十分忧愤，抱病坐在钢琴前，弹奏他所谱写的奥地利国歌。5天之后，海顿病逝家中。海顿留下的第9条遗嘱提到要向圣马克斯养老院的穷人捐款，并列举了受款人名单。如此悲天悯人的心胸，不难想象为什么大家尊称他为“海顿爸爸”。

③海顿的头颅

1809年，海顿去世后，被安葬在维也纳的艾森施塔特墓地。1820年，艾斯特哈奇伯爵决定将海顿的墓迁入家族领地。移灵时，人们发现海顿的头骨不翼而飞。据说是海顿下葬几天后，海顿的密友罗森鲍姆和艾森施塔特墓地管理者彼得，就共同盗走了海顿的头骨。两人去世后，海顿的头骨被转送给一位医生，这位医生又将它转送给一位病理学研究所所长。这位所长去世后，将头骨送给维也纳爱乐协会。海顿去世86年后，爱乐协会才公开陈列海顿的头骨。1954年4月16日，海顿去世145年后，在维也纳音乐节这天举办了复合仪式，海顿的头颅和身体合为一体。

(3)代表作

①《G大调第九十四交响曲(惊愕)》

这部交响曲创作于1791年，充满了生机盎然的民间歌舞气息和明快欢乐的情绪。在当时的伦敦，听音乐会是王公贵族、绅士淑女们的一种社交礼仪，是为了表现自己的高雅品位。所以，他们每每在乐队演奏时打瞌睡。海顿写出了这部《惊愕交响曲》，他故意在第二乐章中安详柔和的弱奏之后突然加入一个全乐队合奏的很强的属七和弦。当乐队演奏到这段旋律时，那些睡着的王公贵族、绅士淑女们果然从睡梦中惊醒，以为发生了什么重大的事情，甚至想逃出剧场。这部交响曲因此而成名,于是后人给此曲冠以“惊愕”的标题。

这部乐曲的第一乐章速度很快,轻巧流畅。第二乐章速度变慢,开始部分是弱起,非常轻,没有什么变化,刹那间乐队用最大的音量演奏,爆发出强烈的声音,定音鼓猛烈地敲击,模仿惊雷的声音。第三乐章是小步舞曲,轻快活泼,音乐诙谐富有活力。第四乐章速度变得更快,好像是人们在欢快地舞蹈。其中,第二乐章是整个交响曲中最受欢迎、流传最广的乐章。其主题因为充满了一种内在美和魅力,也被用入到海顿清唱剧《四季》的一首咏叹调中。

②《四季》

这部清唱剧创作于1799～1801年,取材于苏格兰诗人汤姆森的诗句,是一部纯粹的世俗的清唱剧,劳动者成为清唱剧的中心,摆脱了以往宗教音乐题材必须遵循的条件。通过对一年中春、夏、秋、冬四个季节,劳动人民的劳动和生活、大自然的景色的描绘,抒发了对大自然的热爱、对爱情的向往,赞美了劳动人民的淳朴。

全剧是以4个乐章共44曲,来展现四季自然轮回的一部管弦乐与合唱音乐。全剧通过三位独唱音乐家对于剧中三个人物:老牧人西蒙(男低音)、他的女儿汉娜(女高音)、青年人鲁卡斯(男高音)的演绎,形象化地诠释了自然与人物。

2.沃尔夫冈·阿玛多伊斯·莫扎特

(1)生平介绍

莫扎特(1756～1791)出生于奥地利萨尔茨堡。莫扎特的父亲列奥波尔德是奥地利萨尔茨堡宫廷和教堂的乐师、副乐长,杰出的作曲家。他富有教养,性格坚强,但当时奥地利的社会环境使他处于卑微的依附地位。列奥波尔德一共有7个孩子，有5个夭折，只剩下莫扎特和他的姐姐。

莫扎特4岁开始学习钢琴，5岁可以弹奏《小步舞曲》，6岁时到德、法、英、荷兰、瑞士等国进行演出，受到人们的赞誉。

从第一首《小步舞曲》到未完成的《安魂曲》，莫扎特共创作了600多部作品，包括钢琴独奏曲、小提琴奏鸣曲、独唱曲、室内乐、交响曲、协奏曲、弥撒曲、歌剧、安魂曲等不同体裁。

在和社会各阶层的广泛接触中，莫扎特对不合理的封建等级制度有了深切的体会，他更认识到一个人的价值不是由出身而是由才能和道德决定的。自1781年来到维也纳到他去世的10年间，是他最重要的创作时期，他既享有了自由，也对自由的艰辛有了更切实的体验。他虽然摆脱了萨尔茨堡主教的凌辱，却又不得不依赖维也纳的宫廷贵族。他的作品风格明快、清晰、单纯、优美、流畅，抱着天真、诚挚的向往，又有悲伤、愤愤不平甚至抗议。他的41部交响曲从娱乐和装饰性的大型器乐曲，逐渐成为表达更丰富的现实和情感的高级艺术形式。

莫扎特一直探求德国歌剧的独特风格，吸取意大利正歌剧、喜歌剧和德国民间歌唱剧的因素，故事中蕴涵哲理。歌剧《费加罗的婚礼》演出后，莫扎特名声大噪，全城都能听到这首作品的旋律。布拉格王室邀请莫扎特前去演出，布拉格的观众再次为他而疯狂。但从这个时候开始，莫扎特的健康逐渐恶化，经常恶心、头痛、发烧，但他照常忙于授课、参加宴会、谱写曲子，受着贫困和忙碌的双重压力。

传说莫扎特死前几个月，有个身穿黑色斗篷的人总是出现在他的家门前,委托莫扎特创作一首《安魂曲》。莫扎特在不祥的预感中为他谱曲,认为这个人就是死神,这首丧歌也许就是自己的临终绝笔。果然,《安魂曲》还没有写完,莫扎特就去世了。那个男人并不是死神,只是一个爱请名人作曲,然后把作曲人改成自己名字的一个伯爵的仆人。这位伯爵为纪念亡妻,派仆人向莫扎特约稿。

1791年12月5日,莫扎特去世。12月7日,入葬那天风雨交加,葬礼十分简单。莫扎特被安葬在贫民公墓,后人甚至找不到他的遗体。

莫扎特和海顿一起确立了维也纳古典乐派,但莫扎特在思想上比海顿更为成熟。而到了贝多芬时代,音乐艺术则发生了更为深刻的飞跃,那是震撼欧洲历史的重大社会变革在艺术家思想情感中的真实体现。在德国某歌剧院门口有这样一段诗:“巴赫带给我们上帝的话语,莫扎特带给我们上帝的欢笑,贝多芬带给我们上帝的火焰。但上帝却赐给我们音乐,让我们不用语言也能向他祷告。”

(2)轶闻趣事

莫扎特5岁在弹钢琴时,音乐老师问他:“你弹的是哪首曲子呢?”他羞涩地回答:“是我自己写的。”老师十分惊喜,看到乐谱上歪歪扭扭的音符,就照乐谱弹了起来。突然老师发现除了两只手需要弹的音符外,还有一个音符需要同时弹出来。老师说:“没有第三只手了,怎么弹呢?”莫扎特弹到那里时,突然头一低,用小鼻子触到了琴键,按照乐谱完成了演奏,老师忍不住哈哈大笑。

又有一次,莫扎特的父亲接受剧院老板委托,创作《小步舞曲》,完成之后让莫扎特送去。莫扎特因为路上贪玩不慎弄丢了,情急之下只好涂鸦一曲交给老板。几天之后，老板带着女儿到莫扎特家，对莫扎特的父亲说："你写的《小步舞曲》实在很美，我女儿特别喜欢，请她弹给你听吧！"莫扎特的父亲听完弹奏，脸色大变，因为这根本不是自己写的曲子。莫扎特只好承认父亲的曲子被他弄丢了，这一首是他自己创作的。父亲再一次感受到了儿子的音乐天赋，决心进一步培养儿子的作曲才能。

(3)代表作

①《小步舞曲》

《小步舞曲》作于1779～1780年，原是《D大调第十七嬉游曲》的第三乐章，后来常用作单独演出，是莫扎特著名的音乐作品之一，曾被改编为钢琴、小提琴、长笛等乐器的独奏曲。据说，本曲是为庆贺萨尔茨堡贵族罗比尼希的长子齐格蒙德从萨尔茨堡大学毕业而作，具有明显的17世纪宫廷音乐风格。

乐曲采用三部曲式，乐曲的主题由第一小提琴和中提琴的八度齐奏呈示，音乐优美典雅。随后出现的主旋律，宛如连绵不断的涓涓细流，柔和而舒展。后来出现的中间部主题，以流畅的十六分音符组成旋律，具有华丽典雅的色彩。最后，乐曲再现第一部分，在明快的气氛中结束。

②《费加罗的婚礼》

四幕喜剧《费加罗的婚礼》是莫扎特最杰出的三部歌剧中的一部喜歌剧，完成于1786年，意大利语脚本由洛伦佐·达·彭特根据法国戏剧家博马舍的同名喜剧改编而成。莫扎特用一首速度飞快的序曲向听众预示剧情发展变化的急剧性。序曲虽然并没有从歌剧的音乐主题直接取材，但是与歌剧本身有密切的联系，是用奏鸣曲形式写成的。开始时，小提琴先奏出的第一主题疾走如飞，然后转由木管乐器咏唱，接下来是全乐队刚劲有力的加入，整体速度如车轮飞转。第二主题带有明显的抒情性，最后全曲在轻快的气氛中结束。序曲由突然开始至迅速结束，仅有4分钟左右。虽然仅有两个主题但却以紧凑的节奏贯串，营造了活泼、喜悦的气氛，为此后的剧情做好了情绪上的铺垫。

3.路德维希·凡·贝多芬

(1)生平介绍

贝多芬(1770～1827)是古典主义作曲家，同时也是浪漫主义音乐的先驱。可以说没有一个作曲家像贝多芬那样，对音乐进程产生如此之大的影响。

1770年12月16日，贝多芬出生于德国莱茵河畔的小城市波恩。贝多芬的父亲是一个脾气古怪、个性自私的人，他原是宫廷歌手，总是梦想成为富翁，名利双收。于是他决定培养4岁的贝多芬成为钢琴演奏家，希望贝多芬成为像莫扎特那样的神童。在父亲的严格训练下，贝多芬显露出了音乐上的才华，但他常常遭到父亲的打骂。

贝多芬8岁时就开音乐会，在独奏会上演奏自己的作品，12岁时担任宫廷管风琴助手，14岁获得正式职位，很早就靠自己的劳动维持生活。

法国资产阶级大革命爆发的1789年，贝多芬19岁，德国先进知识分子对革命的期待、向往、热情、赞颂，都深深吸引了贝多芬。

1787年，贝多芬来到维也纳，开始跟随莫扎特、海顿等人学习作曲。莫扎特当时就认为这位困窘失措而又急躁的青年，未来将是一位卓越的音乐大师。不久，贝多芬接到母亲的死讯，他不得不立即赶回波恩。

1792 年，贝多芬离开了波恩，第二次来到维也纳。此时，莫扎特已经去世。他开始频繁出入上流社会，幻想从那里得到幸福和爱情。但资产阶级的平等意识和他的倔强性格，又使他感到自己和贵族之间有着不可逾越的鸿沟，贵族们的恩赐和任性无知都在激怒着他，与贵族小姐的恋爱也从未成功。一直到去世为止，这位多情的音乐家始终没有找到情感归属，一辈子过着独身生活。

当时乐师身份低微，是像门卫和厨师一样的仆人。在维也纳，钢琴家如果受到欢迎，就可以为贵族私人演奏或教授贵族子弟以维持生计。贝多芬希望有固定的收入，决定去做拿破仑弟弟的宫廷乐师。维也纳贵族为了挽留他，讨论决定给他发放年薪，贝多芬才有了固定收入。

1789 年革命新政的法国大使进驻维也纳，革命使一切都发生了变化。音乐从贵族的宫廷走向广场和战场、走向民众，不再供贵族娱乐消遣，而是为崇高的共和国服务。音乐家不再是奴仆，而是共和国的平等公民。在贝多芬面前展开了一个新世界，它真实、崇高、追求自由、平等、博爱，贝多芬决定为此而斗争。

贝多芬热烈地向往自由，他对现实的不满和激烈的冲动，在他激动而有力的乐曲中咆哮着，上流社会的宫廷贵族们都感到困惑不解。他的音乐像雪崩一样奔驰，像熔岩一样沸腾，诉说着苦难、对幸福的渴望、热情的憧憬、悲伤的哀求。

当时德国诗人席勒号召“亿万人民拥抱起来”这句话，就像烙印一样铭刻在贝多芬心里。1823 年，贝多芬在他登峰造极的《第九交响曲》中，把席勒的这句话用音乐全部诠释出来。

不幸的是 1811 年，36 岁的贝多芬开始出现耳疾，41

岁时完全失聪。在贝多芬生命最后的十多年间,他经历了思想和艺术上的深化过程。他根据自己的经历和体验,认为最优秀的人物必定会经受痛苦,并从痛苦中得到欢乐。

晚年患病的贝多芬腹部剧烈疼痛,还伴有吐血等症状,医生束手无策。贝多芬于1827年3月26日去世,享年57岁。在他临终的那天,狂风怒号、大雪冰雹齐降,他脸上的表情非常可怕,像一个统帅在指挥自己的军队,又像在呼喊,它表达了贝多芬全部的性格——自傲的精神和坚强的意志。

回顾贝多芬的一生,可以看到贝多芬是一个精力充沛、渴望成就一番事业的人。他想拥抱和征服整个世界,而征服是为了把世界改造得更好、更高尚和更公正。他的作品充满了对人类的爱、为崇高的目标而进行英勇斗争的思想,这就是贝多芬伟大的原因。

贝多芬又是一个不知疲倦的劳动者和艺术家。他在艺术上严格要求自己,有时一小节要修改几十次。他知道,通向完善的道路是漫长的,而精绝的技巧总是在道路的尽头。

贝多芬的重要创作有:9部交响曲、1部歌剧、32首钢琴奏鸣曲、5首钢琴协奏曲、多首管弦乐序曲及小提琴、大提琴奏鸣曲,还有大量各种形式的重要作品及声乐作品等。

贝多芬作品所包含的内容和情感,要比他之前的音乐家的作品博大丰富。他的音乐中有沉重的痛苦、悲哀,也有强健豪迈、近于粗犷的冲击力;有含蓄、温暖的柔情、深沉的思索,也有凯旋的喜悦和狂欢。这些极其丰富的情感,是激烈动荡、冲突起伏的时代在贝多芬作品中的反映。为了表现复杂而广阔的内容,他突破传统风格、形式、手法，开拓了新路。他既继承了海顿、莫扎特的旋律特点，又形成了自己简洁、粗犷、质朴、热情的特征。

漫长的欧洲音乐史延续到19世纪初，已经发生了巨大的变革。它顺应资产阶级取代封建阶级的趋势，带来了启蒙主义时代音乐艺术的繁荣。贝多芬作为资产阶级上升时期美学理想和音乐文化的最高体现者，把古典派的音乐成就推向高峰，又为19世纪浪漫主义音乐做了铺垫和准备。法国大革命时代造就了贝多芬，他的音乐又使这个革命时代的精神流传下去。

(2)代表作

①《c小调第八钢琴奏鸣曲(悲怆)》

创作于1789～1799年，题献给利赫诺夫斯基王子。通过“悲怆”这一标题，我们可以领悟到这部作品是一部激昂、热情的奏鸣曲。这部构思雄伟、手法简练的作品以其戏剧性的力量动人心弦，是贝多芬早期奏鸣曲的杰作。

第一乐章c小调，极缓板，转辉煌的快板，宏伟的鸣奏曲式。开头是一段相当长的充满悲怆情绪的极缓板，悲怆的旋律中透露出一丝坚定。引子好像是沉重的压力伴随着痛苦的叹息，这是乐曲的重心。在快板一段音乐中，表现了汹涌起伏、不可遏制的热情。第二乐章，如歌的慢板，抒发了宁静诚挚的感情，由回旋曲式组成。淳朴、优美的抒情旋律，响彻着圣咏式的和声和管风琴一般的音响。第三乐章，回旋曲快板，充满田园风味，富于幻想性格。作者用这一乐章的优美、轻巧，与第一乐章的冲动、热情形成对比。最后，在尾声中又提出了严肃的问题，并给予了肯定的回答，表现出坚强不屈的意志和力量。

②《升c小调第十四钢琴奏鸣曲(月光)》

该曲之所以被称为“月光”，是由于德国诗人路德维希·莱尔斯塔勃(1799～1860)把该曲第一乐章比作“犹如在瑞士琉森湖月光闪烁的湖面上摇荡的小舟一般”。创作于1801年，题献给第一个恋爱对象——朱丽叶·琪察尔迪。当恋爱失败并患上耳疾之后，贝多芬在作品里反映了自己痛苦失望的心情。作者自己把这部作品标为“幻想曲式的奏鸣曲”。它自由、即兴的性质突出地表现在结构上。全曲共包括三个乐章，打破了传统奏鸣曲各乐章的排列次序。

第一乐章是持续的慢板，升c小调，三部曲式，是奏鸣曲形式的柔和抒情曲。表现的情感极其丰富，有冥想的柔情、悲伤的吟诵，也有克制着的冲动。第二乐章是小快板，降D大调，三部曲式。改变了传统钢琴奏鸣曲中一向作为慢板乐章的第二乐章，而采取了十分轻快的节奏，短小精悍而又优美动听的旋律与第一乐章形成鲜明的对比。第三乐章是激动的急板，升c小调，奏鸣曲式。本章拥有精巧的结构、美妙的钢琴效果、充实的音乐内容，表现了热情的冲动和强烈的意志。尾声中，沸腾的热情达到顶点时，突然沉寂下来，但汹涌澎湃的心潮并没有就此平静，而是做了最后的冲击。

③《第二十三钢琴奏鸣曲(热情)》

创作于1804～1806年，贝多芬认为这是自己最好的一首钢琴奏鸣曲，献给他的崇拜者弗朗茨·冯·布龙斯维克伯爵。“热情”的名称是汉堡出版商克朗茨所起。由于它确切地点明了该曲的本质，因此沿用至今。评论家们把该曲比作“火山的爆发”、“火山般的奏鸣曲”、“在花岗石的河道里的火焰的巨流”。关于“热情”一名，贝多芬曾说过:“去读一下莎士比亚的《暴风雨》吧。”《暴风雨》表现了人的意志和智慧必将战胜大自然的力量，与这首 f 小调奏鸣曲所表达的热情奔放、英雄主义的思想正相符合。

乐曲共有三个乐章。第一乐章有两个主题。第一个主题表达压抑的情绪、对光明的渴望、对命运的强烈反抗。第二个主题表现对幸福生活的向往。第二乐章运用淳朴的赞歌式主题，与第一乐章的热情形成鲜明的对比：在苦难坎坷的生活历程中，心灵仍充满活力，陶醉在美妙的理想境界中。三个变奏之后，节奏逐渐活跃，暗示英雄的意志通过沉思又坚强起来，继续与苦难进行顽强的搏斗。第三乐章表达了顽强的斗争意志、百折不挠的气势。虽然以悲剧式的和弦收场，但是在终曲的尾声出现了群众舞曲性质的节奏，表现了英雄本身所具有的巨人般的力量。

二、浪漫主义音乐

“浪漫”一词源于罗曼语，原指用罗曼语写成的反映英雄冒险与神奇经历的诗歌或传奇，后来用以比喻与现实相区别的想象中的世界。

1789 年法国大革命的爆发和 1815 年欧洲封建王朝的复辟，使得英国、德国、意大利等国的文化艺术发生变化，尤其是艺术家狂热地追求自由和解放，力图彻底摆脱传统的束缚。浪漫主义主张艺术尤其是音乐要把注意力集中在心灵的活动上，强调个性和情感的自然流露。

通常我们把浪漫主义音乐分为四个阶段：早期以韦伯、舒伯特为代表，盛期以柏辽兹、舒曼、门德尔松、肖邦为代表，中后期以李斯特、瓦格纳、勃拉姆斯为代表，晚期以布鲁克纳、马勒、理查德·施特劳斯为代表。下面，我们逐一进行简要的介绍。

1. 卡尔·马利亚·冯·韦伯

(1)生平介绍

韦伯(1786～1826)是建立真正德国风格音乐的作曲家，他揭开了德国浪漫主义歌剧的序幕，又是欧洲浪漫派音乐的先声。他生活在欧洲封建复辟时期，自幼熟悉舞台，又研究民间艺术，在当时他主要的身份是钢琴家和指挥家。

韦伯从小接受良好的音乐熏陶，母亲是一名歌手，父亲是巡回剧团的经理。韦伯随父亲在各地旅行时，积累了丰富的生活经验，并接触众多民间音乐，这成为他后来创作民族主义题材歌剧的源泉。10岁时，他跟随交响乐之父海顿的弟弟米夏埃尔学习作曲。1798年，他到慕尼黑深造，之后定居维也纳。

韦伯是他父亲的第二任妻子所生，出生时他苍白瘦小，从小跛足。1806年，他与父亲经营印刷事业，误把硝酸液当作葡萄酒导致咽喉、食道和胃部严重烧伤，无法正常发声。韦伯曾暂时放弃音乐而担任了斯图加特的符腾堡公爵的私人秘书。但因他的父亲品行不端的影响，他不得不辞去了这个职位。

从1804年开始，他先后在布雷斯芬、布拉格和德雷斯顿等地担任指挥。1817年，定居德雷斯顿，与女歌唱家夫洛琳·勃兰德结婚。1824年，为英国皇家歌剧院写作《奥伯龙》，两年后首演时亲往伦敦指挥。但因长途劳累，身体情况恶化，于1824年6月在伦敦去世。

(2)代表作《魔弹射手》

又译《自由射手》，是韦伯历时3年的作品，完成于

1819 年。1821 年在柏林首次演出，它标志着德国歌剧的诞生。剧本由 F.金德根据德国民间故事编写。护林人马克斯与林务官之女阿加特相爱，但他必须在射击比赛中获胜，才能升任林务官并和阿加特成婚。已将自己灵魂出卖给魔鬼的护林员卡斯帕尔为了换取自己免受惩罚，企图使马克斯成为他的替身。马克斯在第一天的比赛中不幸败北，他受卡斯帕尔的引诱，不惜去狼谷向魔鬼索取魔弹。魔鬼为他铸弹七发，约定第七发所中的牺牲品归魔鬼所有。第二天，马克斯在赛场六发六中，公爵指着飞过的一只白鸽要他射击，阿加特乞求他不要开枪，说白鸽是她的化身。但是子弹已经射出，阿加特应声倒下。然而，子弹调转了方向，射向卡斯帕尔。最终，马克斯和阿加特结为伴侣。

这部歌剧不仅在题材内容上，而且在音乐风格上，具有浪漫主义特色。它将奇幻的境界与现实的人物结合在一起，使整个音乐具有一种充满奇幻气氛的浪漫色彩和浓郁的民族风格。在对民间音乐素材的处理和传统歌唱剧的改造方面，这部歌剧也进行了有益的探索。

2. 弗朗茨·泽拉菲库斯·彼得·舒伯特

(1)生平介绍

舒伯特(1797～1828)，奥地利人，诞生于维也纳一个教师家庭。舒伯特从小学习提琴和钢琴，少年时做过教堂唱诗班歌童。他能用假声歌唱，并且总是选择女低音或女高音声部。11 岁时，他进入康维特音乐学院学习音乐，14 岁时开始作曲，后来还担任过乐队指挥。1813 年，因为变声，他离开神学院。为了减轻家庭负担，他到父亲所在的学校担任助理教师，同时从事音乐创作、研究维也纳古典乐派的作品。1816 年，他辞去教师的职务,专心从事作曲。于是生活来源的不稳定、爱情的失意、朋友的离散、贫病的困扰,给这位稀世之才的一生蒙上了浓重的悲剧色彩。

舒伯特和韦伯是同时代,都是欧洲早期浪漫派作曲家的代表。他属于第一批真正的维也纳自由艺术家,以作品的演奏和出版为生。他的生活圈子也不再是贵族宫廷,而是市民阶层志趣相投的朋友、知己。

舒伯特力图在创作中延续古典乐派的传统,但是革命后的沉寂、复辟的黑暗、世风的庸俗和人情的淡漠,使他感到压抑、悲哀。社会目标的不明确、对理性的厌恶,使他沉于幻想。他重视古典的形式,但更善于个人主观情绪的抒发,他在自己的艺术中建立起一个幻想的王国,那里充满生命、自然、艺术和纯真的爱情,因此他的乐曲给人无限的光明和动力。他在音乐中蕴涵了充沛的情感,将瞬息间的遐想转化为音乐形象,乐曲洋溢着激情,展现出19世纪初民主主义运动的发展,以及自我超越的创造力。而他对社会现实认识的逐步深化和个人生活中的坎坷,又使他的音乐王国往往充满着抑郁、孤寂、迷茫甚至绝望的气息。

在舒伯特短短31年的生命中,最后的3年是他的巅峰时期,不仅音乐思想臻于成熟,形式和技巧也炉火纯青。

舒伯特一生创作了600多首艺术歌曲,他对诗歌特殊的敏感赋予歌德、席勒等人的著名诗歌和不知名诗人的诗歌作品以音乐特有的韵味和意境。他的歌剧情境交融、深切感人,把传统的德奥歌剧提高到前所未有的艺术水平,著名作品有《野玫瑰》、《魔王》、《鳟鱼》及声乐套曲《美丽的磨坊女》、《冬之旅》。

起初,舒伯特对于创作钢琴奏鸣曲存有疑虑,因为他出生于贝多芬之后，他的奏鸣曲总被拿来和贝多芬的作品相比较。他一直苦恼于生活在贝多芬的阴影里，乐风也与贝多芬有相似之处，因此舒伯特被称为“小贝多芬”，或者因其阴柔被称为“女贝多芬”。

舒伯特还留下了包括《未完成交响曲》在内的9部交响曲、大量的重奏曲、钢琴奏鸣曲。在这些作品中，饱含着舒伯特的抒情风格，他将全部的幻想与热情注入传统形式中，使贝多芬之后的德奥音乐家沿着优秀的传统继续向前发展。

(2)轶闻趣事

①《请听！云雀》

舒伯特才思泉涌，有人形容他的曲子是“流”出来的。一天，舒伯特与朋友走进一家小酒馆，见到桌上有一本《莎士比亚诗集》。他拿起来朗读，忽然叫道：“旋律出来了”，赶紧把桌上的菜单翻过来，画上五线谱，一口气写成了一首曲子，这就是著名的《请听！云雀》。

②舒伯特与贝多芬

舒伯特与贝多芬同时居住在维也纳，他十分崇拜贝多芬，于是他将《未完成交响曲》送去给贝多芬，可惜没有见到贝多芬本人。有一天，风把舒伯特的乐谱吹到了地上，贝多芬捡起来一看，发现这是一部奇才之作。然而管家却忘记了舒伯特的姓名，只说是一位看起来很憔悴的青年留下的作品。《未完成交响曲》是世界四大交响曲之一，它独特的作曲手法、优美动人的旋律成为浪漫派音乐的旷世巨作。

(3)代表作《b小调未完成交响曲》

1822年，25岁的舒伯特创作了此曲。43年后，1865年，维也纳音乐协会指挥约翰·赫贝克发现了这份乐谱，于1865年12月17日首次公演了这部只有两个乐章的交响曲。这部交响曲的第一、第二乐章曲谱完整，第三乐章只有九小节，改编为管弦乐曲，其他部分仍为钢琴曲谱的形态，第四乐章则连草稿都没有。但由于此曲的已完成部分乐章出彩，故在形式上虽未完成，但实际上完整无缺，并因此引出许多穿凿附会的传说，影响颇大。

它抒发了作者内心世界的矛盾冲突，忧伤情绪充满了整个乐曲。透明清纯、优美丰富的旋律，不加装饰的和声和音色，这种作曲手法非常新颖。

3. 艾克托尔·路易·赫克托·柏辽兹

(1)生平介绍

柏辽兹(1803～1869)，19世纪三四十年代浪漫主义音乐的杰出代表。作为一个个性极为鲜明的作曲家，他恃才傲物、个性孤傲，但在音乐史上以富于创新精神著称。

柏辽兹出生于法国南部的一个乡间医生家庭，父亲希望他继承家业做个医生，但他违背家庭意愿，放弃了医学，从事了音乐。1826年进入巴黎音乐学院，师从雷哈和勒絮尔。1830年获作曲大奖，赴罗马进修。回国后，进行创作、指挥、音乐评论等多方面的工作。

1830年，柏辽兹创作的《幻想交响曲》轰动了巴黎，年轻的柏辽兹初次显示了他大胆的创新精神。为了表达解放自由的思想，为了追求听觉的需要，他比贝多芬更进一步地用标题来统帅交响乐创作的整体构思，用详细的文字说明戏剧性的情节，音乐具有明确的形象意义，成为陈述故事性内容的手段，使交响乐为更多听众所理解。

标题音乐概念的确立从柏辽兹所写的《幻想交响曲》开始，音乐家通过音乐描写故事情节或是情景气氛。标题音乐除了有标题外，作曲家还会撰写有关乐曲内容的文字说明，让听众可以清楚地了解作曲家的创作动机。

柏辽兹不是从小就学习音乐，他不像其他音乐家能弹奏几种乐器，并且从未学过弹奏钢琴。这样一个不大懂得器乐的音乐大师，在音乐史上可以说是独一无二的特例。

(2)代表作《幻想交响曲》

1827 年，柏辽兹在巴黎奥德翁剧院观看英国剧团演出莎士比亚悲剧，爱上了饰演奥菲丽亚的演员哈里艾特·史密森，但却遭到拒绝，使他极度苦闷。1830 年，柏辽兹写成这部表现个人爱情狂热、绝望、梦幻的标题交响曲，副标题为“一个艺术家生涯中的插曲”，自传式地描述他对于史密森的爱情。同年 12 月 5 日，《幻想交响曲》在巴黎音乐学院首演。1832 年 10 月 9 日再度演出时，适逢史密森又来到巴黎，出席了音乐会，意识到曲中主题写的就是她，深受感动。尽管她年华已过，并且背负外债，但柏辽兹仍然热烈地追求她，将修改后的《幻想交响曲》献给她，此后两人结为伴侣。

《幻想交响曲》是柏辽兹最具代表性的一部作品，它体现了音乐与文学、音乐与戏剧结合的理想。这部交响曲的独特之处在于它追随标题的五个乐章，交响曲提供了一个代表所爱的人的“固定乐思”，它以不同的形式贯穿于整部交响曲的各个乐章之中。它从标题音乐创作和交响乐配器两个方面，为后来的浪漫主义音乐创作提供了宝贵经验。舒曼曾撰文高度评价这部作品。

4.罗伯特·亚历山大·舒曼

(1)生平介绍

舒曼(1810～1856)是德国作曲家、钢琴家、音乐评论家。狂热、优雅、不羁是浪漫主义诗人、音乐家舒曼的写照。

舒曼出生于德国东部莱比锡附近的小城茨维考的书商家庭。他的父亲是一名书商,文学素养颇高,对舒曼影响颇深。他自幼对读书写诗产生了极大的兴趣,显示出诗人般的抒情与幻想的气质,并把这种气质融入自己的音乐作品中。

父亲去世后,舒曼于1828年到莱比锡学习法律,但仍然没有放弃学习音乐,跟随弗里德里希·维克学习钢琴。1830年,舒曼公开举行演奏会,得到了音乐界的普遍认可与好评。在征得母亲的同意后,他最终选择了音乐艺术的道路。后来由于他急于求成,练坏了手指,转而从事音乐创作与评论。1834年,他创办了音乐评论刊物《新音乐杂志》,宣扬和捍卫欧洲的音乐艺术。此后的20年,舒曼在《新音乐杂志》发表了大量文章。他的文章锋芒毕露、文风辛辣,充满着资产阶级的民主精神。

1835年,舒曼与钢琴老师维克16岁的女儿克拉拉相爱,他们从常年的友谊相知到相恋相爱,可谓历尽千辛万苦。他们的恋情遭到维克的坚决反对,并控告了舒曼。直到1840年,莱比锡法庭才最终裁决了他们的婚姻悬案,使他们结为伴侣。

舒曼为个人尊严和幸福而斗争的同时,也在为实现自己的艺术理想而进行创作、评论。他异常敏锐地感受到现实世界与理想境界的尖锐矛盾。他尊重古典音乐的传统,同时热情地支持一切富于创造精神的探索,鲜明地表达了先进知识分子的理想和追求。

舒曼的乐曲有着浪漫派的精神,他的音乐真实地反映了内在情绪,宛如一篇篇文学作品,流露出如诗般的美丽风情。但他不再追求对于仙境、自然界外在景物的色彩性描绘，而是对现实和想象中各种形象的内在气质、心理状态进行深入刻画。

从1844年起，舒曼出现精神上的病症，幻觉时隐时现，情绪变得暴躁，为此他感到压抑、痛苦。1854年，舒曼因病情加重进入精神病院，1856年逝世。

(2)代表作《a小调钢琴协奏曲》

1841年，舒曼试图改变传统钢琴协奏曲的写法，创作了《a小调钢琴协奏曲》的单乐章钢琴协奏曲，但被出版社退稿。舒曼不得不另写第二、三乐章，成为现在人们看到的版本，是世界五大钢琴协奏曲之一。该曲是舒曼在一生中最幸福的年代完成的。那时，他与克拉拉的爱情冲破重重阻力而取得成功，创作也随之出现高潮。乐曲主题思想鲜明，表现了作者的生活理想以及为之而斗争的信念。整部作品充满热情和信心，被誉为贝多芬之后最优秀的钢琴协奏曲。

全曲共三个乐章。第一乐章是热情的快板，a小调，奏鸣曲式。乐章的第一主题在a小调上，显得压抑、痛苦。第二主题则在明亮的C大调上展开，光明、富有幻想色彩。这两个主题的发展时而痛苦哀叹、时而浮想联翩、时而冥思苦想、时而慷慨激昂，表现了坚韧的斗争精神。第二乐章是间奏曲，优雅的行板，F大调，三段式。这个乐章充满着极为甜美的感情，简直像一首浪漫温馨的协奏型牧歌。乐曲在开始时，弦乐与钢琴柔美地对答，柔和地展开主题。第三乐章是活泼的快板，A大调，奏鸣曲式。钢琴辉煌地奏出了第一乐章第一主题的乐思，弦乐器以音阶性上升加了进来。主题舞蹈性旋律棱角分明，有一种向一切世俗势力宣战的气势。这一乐章的结尾由钢琴奏出了绚烂的旋律，充满热情和信心，华丽地结束乐曲。

5.雅科布·路德维希·费利克斯·门德尔松·巴托尔迪

(1)生平介绍

19世纪30年代至50年代,德国的政治舞台又一次形成革命的高潮,在“青年德意志思想”的冲击下,音乐中的浪漫主义思潮也进入了新的阶段,门德尔松(1809～1847)是这一阶段的代表之一。

门德尔松出生于德国汉堡一个犹太家庭。在德语中,“门德尔松”是“幸福”的意思。他在美满的银行家家庭成长,有条件接受良好的音乐教育,并四处旅行,因此他的乐曲情绪明朗,充满欢乐的气氛,散发着青春的气息。在19世纪浪漫派音乐家中,他被称为“音乐的幸运儿”。

门德尔松是个钢琴神童,9岁就公开演奏,10岁就为《诗篇19》谱曲,12岁已写出一首钢琴四重奏,17岁时完成了《仲夏夜之梦》序曲。20岁时,他指挥演奏《马太受难曲》,在巴赫去世后首次公开演出巴赫的作品。在他26岁那年,他的父亲去世,他离家到法兰克福去指挥一个业余乐团。此时,他遇到了赛西尔·让莱诺。但赛西尔是个法国新教徒,当时宗教信仰不仅被看作是道德问题,还有可能引发国际战争。这段恋情虽然遭家人反对,门德尔松却宁肯脱离家族也要守护自己的爱情,最后两人终于结合。为此,他写下了《第四号弦乐四重奏》。

门德尔松的《e小调小提琴协奏曲》被人们称为“女性协奏曲”,也是古今协奏曲中的“女王”。有评论家说:“贝多芬的小提琴协奏曲本质上是英雄的、男性的,门德尔松的小提琴协奏曲本质上是优美的、女性的。若是将前者比喻为协奏曲中的亚当,后者就是夏娃了。”

对一般听众而言,门德尔松的知名度或许比不上贝多芬和莫扎特，但在西方音乐史上，他却是融合了古典乐派和浪漫乐派，形成了独树一帜的连曲风格，并且对后来的交响诗形式产生了重大影响的关键性人物。

在乐曲的风格上，门德尔松的作品充满了浓郁的抒情风格。他注重对个人情感的表现，对神奇仙境的色彩性塑造，对自己熟悉的生活情趣的描绘，对自然景色的主观体验和刻画。而他从小接受的正统的音乐教育，使他的交响乐同时具备了古典乐派清晰而精准、严谨而和谐的音乐特征。至于他独树一帜的连曲风格，使得每个乐章紧密相连，使宏大的乐曲浑然天成。

超负荷的工作使门德尔松的身体每况愈下，在挚爱的姐姐范妮逝世后半年，门德尔松于 1847 年 11 月卒于莱比锡，年仅 38 岁。

(2)代表作《无词歌》

无词歌是一种抒情性、歌唱性的小型器乐体裁，配有简单的伴奏，常以钢琴独奏形式演奏。它既然是器乐小品，其音域自然较之声乐曲更宽广一些。无词歌的结构形式除少见的奏鸣曲式外，由于音乐形象比较单一，通常采用二段体、三段体的歌曲形式。门德尔松是无词歌的首创者，1830～1845 年，共创作 49 首无词歌，均是钢琴小品。门德尔松的《无词歌》曾编为 8 集出版。每首都不长，但都有歌唱性旋律及其伴奏，都是完整的歌曲形式，精致、隽永且富有创意。

第三单元

逻辑与音乐运用能力训练

第一部分 理论概述

逻辑一词源自拉丁文,指通过判断推理而得出概念的过程和方式。面对复杂多变的客观世界,如果没有逻辑思维,往往找不出其中的内在联系和因果关系,不能得出正确的结论。因此,遵守逻辑规则是人们思考的基础,是我们认识主客观世界最基本的方法,是获得正确认识的前提和途径。

古希腊哲学家苏格拉底认为:逻辑思维是由日常生活中的个别事物上升到概念,它能使我们从纷繁的事物中提炼出主要成分,并上升到理论,使认识具有深刻性。

提高逻辑思维能力,具有以下意义:

(1)推理就是从已有的知识推断出新的知识的过程,可以使我们开拓新的领域、提高创新能力。

(2)能识别各种知识和信息,检验其正确性,识别谬误,从而态度明朗、旗帜鲜明。

(3)使思维更清晰,可以做到论证严谨、层次分明、概念明确、表达有序。

(4)可以使我们找到事物存在的理由和根据。

(5)可以使我们找到表面没有关联的事物之间内在的联系。

(6)可以更有效地传播信息。逻辑思维能力较弱的人,语言表达混乱无序;逻辑思维能力较强的人,语言表达清晰严密,可以有效地传播信息。

明代《雅谑》中有这样一个小故事:吴门人张幼于,有文才,好开玩笑。一天张幼于与人相聚饮酒,正好来了几个闯席的朋友,张幼于便假装关了门,写了一条谜语贴在门上,对外面的人说:“猜中了,才允许进门。”谜语说:“老不老,小不小;羞不羞,好不好。”众人都猜不中。有个叫王百谷的猜道:“太公八十遇文王,老不老;甘罗十二为丞相,小不小;闭了门儿独自吞,羞不羞;开了门儿大家吃,好不好?”张幼于的谜语是由四对互相矛盾的概念组成的,王百谷把原来互相矛盾的概念组合成非逻辑矛盾的判断。“太公八十遇文王”,这是人老心不老;“甘罗十二为丞相”,这是人小志不小;然后再把“羞不羞”和“好不好”都变成疑问句。这样既避免了逻辑矛盾,又幽默诙谐。

逻辑思维运用得好,可以使作品的各个部分逻辑关系清晰,事件和人物性格的发展合情合理。而音乐的运用可以更好地表达内容、衔接段落、表达主题,使作品的内容更为丰富、表达更为流畅、主题更为鲜明。

第二部分 教学内容与同步练习

一、教学内容

(1)讲解逻辑的相关理论与音乐知识。

(2)介绍浪漫主义音乐家勃拉姆斯、肖邦、李斯特、圣一桑、比才、德沃夏克、格里格、格林卡、穆索尔斯基、柴可夫斯基的生平与代表作品。

(3)根据要求进行短片制作。

二、同步练习

(1)用勃拉姆斯《摇篮曲》、肖邦《降E大调夜曲》做时间逻辑练习。

(2)用圣一桑《动物狂欢节》做人物逻辑练习。

(3)用比才《卡门》序曲、德沃夏克《幽默曲》做空间逻辑练习。

(4)用格里格《晨曲》、穆索尔斯基《两个犹太人》做事件逻辑练习。

第三部分 教学方法、目的与要求

一、教学方法

(1)在熟悉音乐的基础上,要求学生进行逻辑思考并进行表达。

(2)教师要根据音乐对学生表述的内容进行判别，纠正不符合音乐内容和逻辑的表达。

(3)通过教师的指导，学生补充、优化表述的内容，再根据音乐做逻辑清晰、层次分明、含义丰富的口头表达。

(4)教师对练习进行点评，并找出问题所在，对优秀的作业进行录音。

(5)制作短片时，可以扩大音乐选用范围，不局限于本单元介绍的一些音乐家的作品，但要注重作品结构的新颖巧妙。

二、教学目的与要求

1.教学目的

第三单元同样属于元素训练单元，主要训练学生组织作品的逻辑能力。

2.教学要求

(1)语言表达

播放音乐时，学生将脑海中产生的形象和情节按照逻辑关系组合起来，并进行表达。表达必须和音乐内容相符合，并且符合逻辑要求。

第一环节时间逻辑训练要求学生灵活运用音乐表达两个或多个不同的时间，过渡要自然流畅。

第二环节人物逻辑训练要求学生运用音乐表现两个不同的人物形象，形象要鲜明具体。

第三环节空间逻辑训练要求学生运用音乐表现两

个或多个空间。

第四环节事件逻辑训练要求学生运用音乐将两个事件有机合理地联系起来。

(2)短片制作

短片制作要求学生作业框架符合逻辑,结构巧妙新颖、合理流畅,关键之处注重音乐的强调和运用。

第四部分　学生作业例稿

一、语言表达作业

1. 时间逻辑

(1)〔德〕勃拉姆斯《摇篮曲》

作业一

在这个时节里,花朵还没有长出蓓蕾,冬眠的动物都还在睡觉,枝头的绿意也才只有一丁点儿。

慢慢儿地,万物都开始苏醒过来,欣欣然张开了眼睛。小草伸伸懒腰,小花儿露出了甜美的微笑。

山下一片如云的杏花,山谷里溪水流淌旋转、奔腾跳跃,到处都是生机。

夏天一到,青山又变了一个模样。经过烈日的暴晒、骤雨的洗礼,那草木就拔节般很快地长起来,到处都是郁郁葱葱。

秋天就更美了,惹眼的红叶遮天蔽日,金黄的稻穗在风中摇曳。这是收获的季节,农夫们都忙着收割农作物,到处都是一片繁忙的景象。

冬天很快就到了，雪花儿簌簌地落下来，世界变成银装素裹的了。树上挂满了银条儿，地上堆满了雪球儿，万物又开始进入梦乡了。

作业二

这是个多么漂亮的婴儿啊！年轻的母亲正微笑地看着自己怀里睡熟的孩子。淡淡的略泛灰色的眉毛，眼睛紧闭，睫毛微微上翘，小脸蛋红扑扑的。不知是在梦里梦见了什么，偶尔还会露出笑容。母亲的双手轻轻拂过孩子稚嫩的肌肤，心里突然间被爱塞得满满的。她用双手有节奏地拍打着孩子，思绪却不禁回到了那段孕育的时光。记得十月怀胎期间，着实为小家伙儿吃了不少的苦，不仅经常呕吐吃不下东西，而且肚子里的小家伙儿还经常调皮地踢几下宣布他的存在。想到这儿，母亲不禁低头看了一眼婴儿，嘴角挂着宠溺的微笑。可是现在，孩子长得这么健康漂亮，这是上苍送给她最好的礼物！她把孩子放到摇篮里，盖好被子，再次亲吻了这个小天使。一切都似乎像一场梦般的不真实，但是这就是幸福！

作业三

常喜欢一个人在家里收拾过去的旧物，总想在这些旧物里找到过去的记忆。这一天，打开柜子，掉出一堆五颜六色的贺卡，一张张地捡起来，仔细地翻看。每一张上面都写着简单的祝福，看着这些贺卡，不禁让我想起了上小学时每年过年的情景。

那时我们都还是孩子，兜里揣着几块钱就已经是一件令人兴奋的事儿了。一到过年，就挤在校门外的小摊上挑选一张张美丽的贺卡，用笔歪歪扭扭地写下祝福。

趁朋友不注意的时候塞到他的课桌里，上课的时候总忍不住地偷看对方，希望他能早点发现贺卡。就这样漫长地等待着，直到他翻开贺卡的那一刻。那张纯真的笑脸，我永远不会忘记。

作业四

这是一年中的第一天，一切都是新的，鲜花和掌声簇拥到她的面前，她万分地激动。她终于站在了高高的礼台上，面对着她逝去的父皇，面对着台下白发苍苍的大臣，她举起右手，开始起誓：她！伊丽莎白！这一刻即将带上皇冠，君临天下，她要面对着父亲的亡灵起誓，今天，站在这里的伊丽莎白，不再是曾经那个无忧无虑的女孩，她必须强大，她必须坚毅。

记得曾经，她也是一个拥有着无数个梦想的女孩，她爱幻想，也爱憧憬。在城堡的窗户前，她想起了她的父皇和母后，她想起了母后讲的白雪公主的故事，她想起了那用鲜花编织的花冠，她想起了原野上的蝴蝶，她想起了曾经一起嬉戏的小伙伴，她想起了父皇带着她一起外出骑马的日子，她想起了曾经的欢笑、曾经的幸福、曾经的勇敢。

然而，这一刻，那些美好的回忆都将随风而逝，这里只有女皇，至高无上的权力的代表。从昔日的单纯到今日的完全蜕变，她毫无怨言，她会珍藏着那些最珍贵的回忆。从今以后，她会用男人般的心胸和头脑，用自己的整个青春乃至生命去捍卫这个伟大的帝国！

(2)〔波兰〕肖邦《降E大调夜曲》

作业一

他沿着门前的石阶，徐缓而下，身后的两名警察紧跟其后。他以儿子出国留学为由，大办宴席，收受数额巨大的礼金。他以为这样的变相受贿可以瞒天过海，但法律是公正的，群众的眼睛是雪亮的。当在警车旁不远处，看到玩耍的孩子们时，周围的一切在此刻仿佛都戛然而止。他想起了记忆里那些纯洁的誓言。

时间回到他小学的课堂里，老师问：你长大了想做什么？个头不高的他底气十足地回答：我要当官。老师接着问：为什么要当官呢？他挠了挠头说：当官好，当官就能让爸爸妈妈过上好日子。看着他稚嫩的脸庞，老师语重心长地说：要当就要当好官，当清官。很显然，还太小的他不明白老师的意思。但是，他却一直点着头。老师当年的那句话似乎还在耳边回荡，而此刻，这句话似乎是对警车里的他的讽刺。

长鸣的警笛声打破了他的回忆。看着窗外飞驰而过的，不再属于他的美好景色，他知道一切都迟了。尽管清官与贪官往往只有一步之遥，但是一旦跨越这一步，就意味着即将在高墙里开始他的铁窗生活。从今以后，他将开始人生的另一条路。

作业二

女孩摇着轮椅来到空无一人的练功房，看到了角落里那双被遗弃的红色舞鞋。她伸手捡起那双舞鞋，紧紧抱在怀里，仿佛看到了一个身影在眼前晃动。

她扎起清爽的马尾，穿上粉色的舞蹈服，换上那双穿了好多年的舞鞋，在熟悉的练功房中翩翩起舞。她踮起脚尖旋转，粉色的裙摆随着身体的转动而不停地摆动，汗水顺着脸颊、脖子滴下来，但脸上依旧挂着最灿烂的笑容。

回到现实，女孩手中扶着的不是那曾经的栏杆，而是冰冷的轮椅。她盯着镜子中的自己，明白接下来的路还需要自己去走。她摇起轮椅向门外走去，迎接她的是灿烂的阳光。

作业三

夜是造化所织的幽玄的天衣，覆盖一切人，使他们不知不觉地脱去人造的面具和衣裳，赤条条地裹在这无边无际的黑絮似的大块里。黑夜有昏暗，有伸手不见五指，有漆黑一团。夜吞没了文人学士们写在耀眼的白纸上的超然、浑然、恍然、勃然、粲然的文章，只剩下乞怜、讨好、撒谎、骗人、吹牛、捣鬼的夜气，形成一个灿烂的金色的光圈，笼罩在学识不凡的头脑中。高跟鞋的摩登女郎在马路边的路灯下，走得很起劲，但鼻尖也闪烁着一点油汗，在证明她是初学时髦。爱夜的人要有听夜的耳朵和看夜的眼睛，在暗中，看一切暗。时间流过指尖，梦的旋律依稀在耳畔回旋。一夜已尽，人们又小心翼翼地起床，出来了。从此就是热闹、喧嚣。而高墙后面，大厦中间，深闺里、黑狱里、客室里，却依然弥漫着黑暗。现在的阳光普照、熙来攘往，就是这黑暗的装饰，是人肉酱缸上的金盖，是鬼脸上的雪花膏。

2. 人物逻辑

〔法〕圣一桑《动物狂欢节》

作业一

今天的佐罗遭遇到了一个强劲的对手，他的面具已经裂开，斗篷也被撕开了好几道口子，而他的对手仍然体力充沛。面前的对手死死地盯着佐罗，而此刻佐罗大口地喘着粗气，大脑也飞快地转动着。

看得出来这个对手很强大，他举起剑，一步一步地逼近佐罗，显然他已经做好了准备，而佐罗也已经做好了准备。双方剑已出鞘，向对方慢慢地逼近，这时候他们的剑各自在空中画出一个圆弧，闪电般地刺向了对方。

作业二

一个夏日的傍晚，在庄严肃穆的教堂前，贺拉斯兄弟早已准备好自己锋利的兵器。他们视死如归的眼神，他们健步如飞的步伐，说明为了捍卫国家的荣誉和尊严，他们甘愿抛头颅洒热血，死而无憾！

三兄弟走到父亲的面前，想到年迈的双亲、温柔的妻子和酣睡中的婴儿，他们突然迟疑了……三个兄弟你不让我，我不让你，他们不是互相残杀，而是希望能让自己战死沙场，他们甘愿把生的希望留给兄弟，把死的恐惧留给自己。三个兄弟挥起剑，向父亲发誓："曾经我们是您的儿子，我们的责任是孝敬双亲，保护妻儿！如今，我们将要把自己交给祖国，我们将要和凶恶的敌人决一死战！"夕阳的余晖染红了三兄弟红色的衣袍，金色的兵器显得更加熠熠生辉。父亲没有话语，他举起了自己的剑，心中的怒火不断沸腾、不断涌动。三兄弟将自己的剑和父亲的剑紧紧相交在一起，原本慈祥的父亲此时此刻显得是如此的坚毅："你们都是我的儿子！你们都是英勇善战的勇士！今天，我将要把我三个最爱的儿子交给祖国，让你们在沙场上去实现自己生命的价值！"

三个兄弟面对着自己的父亲，他们互相凝视。此时的剑在夕阳的照耀下，像一团象征着自由与胜利的火炬，指引着捍卫和平的勇士们勇往前进！

作业三

在这片美丽的土地上，在一个阳光明媚的早晨，海约国王开始了他登基以来的第一次国土巡视。二十个壮汉用他们坚实的臂膀抬起用黄金做成的豪华宝座,海约国王就坐在上面。海约国王那双大而犀利的眼睛,巡视着他的国土,一种狮子般的霸气油然而生。

可他没有意识到,就在这时,他的弟弟海伦为了夺走王位,派了一个刺客,躲在离他不远的树丛中,准备刺杀他。

只见那刺客身穿黑色外衣,手搭弓箭,正准备射向国王。正当这时刮起一阵旋风,卷起千层土,当刺客再次睁开眼睛时,眼前已是一片空白。

作业四

辛巴终于长成了一只威风凛凛的大狮子,并成了森林之王。他望着这片他的父亲和祖辈生活过的土地,心中热血沸腾。他知道,从今以后,他便是这里的守望者和保护神。他要带领所有的动物们在这片土地上生活,成为他们的领袖,保护他们不受敌人的欺侮,为他们主持正义。他感觉自己的肩头有千斤重担,浑身上下的每一个毛孔都在大口地呼吸和颤抖,他知道自己不是害怕,而是因为激动。他知道自己已经准备好了,他要像他的父亲那样做一个好国王,成为一个英雄。他望着远方,大吼一声,目光如炬,满是坚毅。

3. 空间逻辑

(1)〔法〕比才《卡门》序曲

作业一

她从小是个性格古怪的女孩,一头齐耳的短发,好像从未变过一样。她从没有见过自己的父母,一直住在一间破旧的小阁楼里。这是个艳阳高照的周末,她躺在床上突然睁开了双眼。

她打量着眼前这间破旧不堪的阁楼，她掀开被子，打开房间的灯，微弱的灯光照在每一个角落。那张不知从哪拾来的旧床，幸好铺上了一床粉色的被子。旁边就是自己最得意的梳妆台，精美的圆形镜子，仿佛童话故事中的魔镜一般，桌上放着一支她最喜欢的大红色口红，旁边是一个简易的首饰盒。她跳到梳妆台前，开始打扮起来，因为她突然想起了昨晚收到的那张请柬，她仿佛已经置身于金色的大厅之中。

华丽的大门打开，她身着金色的晚礼服，侍应领着她向前走去。大厅里被灯光照得金碧辉煌，大厅的中央摆放着一张长长的桌子，桌上铺着带蕾丝的桌布，上面摆放着艳丽的烛台和诱人的食物。许多人在舞池中翩翩起舞，站在那盏最华丽的水晶灯下，她再也忍不住了，踏入舞池，晚礼服随之旋转，她仿佛沉醉于一种梦境之中。

作业二

赵小姐正在厨房忙个不停，这边鸡蛋还没打好那边菜已经糊了！房间里电话响个不停，电饭锅的按钮也“呯”的一下跳了起来。而这杂乱无章的一切都是为了一件事情：今天是她和王先生的七周年结婚纪念日。可是，王先生呢？

王先生看来并不记得今天有什么特殊，因为他正挽着另一位小姐进了一间西餐厅。餐厅里灯光昏黄，情调暧昧，高脚杯的曲线和这位小姐的身体一样诱人。含蓄谈笑，你进我退，一切都在王先生的运筹帷幄之中，拿捏得恰到好处。一个个暗示，一个个不小心，两人的身体又近了一些。

而赵小姐仍然在家里忙来忙去，脸上带着幸福的微笑，墙上的钟声滴答不停，现在是九点。她深爱着王先生，可是，等待她的是一个什么样的结果呢？

(2)〔捷克〕德沃夏克《幽默曲》

作业一

在俄罗斯的很多地方，过了十月就已经是洁白的一片了，被大雪包裹的世界纯洁、祥和。森林里的一个小屋子，窗口还透着些许橘黄的光，更增添了一丝安宁、温暖。

屋子里边是等待猎户回来的妻子和儿子，儿子已经睡了，而妻子正炖着一锅浓汤，发出一阵阵咕嘟声。

雪比想象中的更大，一脚踩进去竟然已经没过了膝盖。再加上给妻子儿子买的那些礼物，猎户走得很有些吃力。他的视线开始模糊，步伐变得缓慢，模糊中他见到了自己和妻儿在一起的景象。儿子笑着跑，妻子在厨房里忙碌，整个圣诞树都挂满了礼物，摇曳着，互相碰撞，就像风铃般清脆。这清脆的风铃声传入耳中，那冰天雪地仿佛不存在了，他心中涌入的暖流让他的视线开始变得清晰。于是，他深吸了一口气，他一步一步，缓慢而坚定地继续朝着回家的路，走了下去。

作业二

冬季刚过，冰雪消融，大草原开始复苏。

看，蹦蹦跳跳的两只小田鼠正在草地上抢食，它们一蹦一跳地互相追逐、打闹，偶尔还打个滚，身上沾满泥土和干草。一粒小小的坚果，此时在它们手中来回传递。一只蚂蚱闯入它们的领地，在刚冒芽的绿草丛中来回跳跃，时而停住。

湛蓝的天幕映衬着白云，空中的大雁迂回低飞，它们张合有力的翅膀上下回旋着，应和着万物复苏的节奏。

作业三

尖尖的屋顶，咖啡色的砖墙，卡通式的招牌，眼前的这家巧克力店实在诱人。男孩走进去，橱窗里摆放着各式各样的手工巧克力，有小人模样的，有房子模样的，有花朵模样的。男孩坐到屋子中间那张木制的小椅子上，开始摆弄起桌上的模具，脸上洋溢着幸福的笑容，他要为女孩制作一个最精美的爱心巧克力。

女孩推门进屋，甩掉脚上的鞋，扔下手中的包走进屋里。她还为昨天和男孩吵架的事耿耿于怀，她拿起沙发上男孩送的娃娃扔在了地上，突然发现茶几上摆着一个粉色的心形盒子。她有点吃惊，伸手打开盒子，里面放着一块诱人的心形巧克力，上面站着一个可爱的小熊，仿佛犯了错似的哭丧着脸。女孩开怀大笑，捡起地上的娃娃紧紧地抱在了怀中，心里充满了幸福的喜悦……

4. 事件逻辑

(1)〔挪威〕格里格《晨曲》

作业

金碧辉煌，闪耀夺目，礼堂的大门缓缓打开，一对对衣着华丽的王宫贵族迈着轻盈的舞步结伴而入。在这些人中，有一位少女吸引了所有人的眼球。她身着金色的礼服，那头金黄色的卷发披肩散开。她仰起头，挽着她那贵族出身的丈夫，提起裙摆向前走去。一路走过所有的人都在惊叹她的美艳，投来了羡慕的眼光。今天正是她的订婚典礼，她扬起嘴角，微笑着享受此刻的幸福。人们都在猜测这位举止优雅的姑娘，一定从小受到上流社会的熏陶，可是谁也没有想到她有一段不堪回首的往事。

她出生在一个贫穷的家庭，母亲是当地有名的妓女，父亲早逝。她从小就是在继父的鞭打中长大的，那时的她常常从噩梦中惊醒。她每晚都守在门口，她害怕看到那张醉醺醺的脸和通红的眼睛，她无法忘记躲在被子里不停哆嗦的日子。

那次继父喝醉酒回家，翻箱倒柜找家中唯一值钱的一枚戒指，准备去卖掉。可无论如何也找不到，他怒气冲冲地拉起在床上睡着的女孩就是一顿毒打。女孩一肚子的委屈，但她没有哭，那一幕她永远都会记得。

而眼前的这一切，这属于她的一切，是她从来不敢奢望的。音乐再次奏响，她从记忆中回到了现实，她闭上眼睛享受着这一刻，她默念着感谢上帝的恩赐。其实，她不知道上帝永远是公平的，他关上了一扇门，必将为你开启另一扇门，而女孩的眼前正是那扇通向幸福的门。

(2)〔俄〕穆索尔斯基《两个犹太人》

作业

来自梵蒂冈的大量艺术珍品将在纽约第一博物馆展出，人潮涌动，来自各地的人们怀着激动的心情，想要在第一时间内对这些艺术珍品一睹为快。记者们穿梭在人群当中，手忙脚乱地准备着采访工作，一切都在紧锣密鼓地进行着。可是人们万万没有想到，这里将会发生一场空前绝后的奇特掠夺。

突然，中央公园出现了四个人，他们身穿骑士服，腰佩长剑，骑着黑马在人群中飞驰。在人们还没有反应过来的时候，他们冲进了博物馆，取走了最为珍贵的镶着宝石的纯金十字架，转眼就消失在了人群当中。

人们惊慌失措，工作人员更是惊恐万分。这四个骑士到底是什么人，谁也不知道。展览会刚刚开幕又马上闭幕，成为历史上最为失败的一次展览会。

二、短片作业(见在线学习资源)

《格尔尼卡》

附　浪漫主义音乐(二)

1. 约翰内斯·勃拉姆斯

(1)生平介绍

勃拉姆斯(1833～1897)出生于德国汉堡,他的父亲是汉堡剧院的低音提琴手,能演奏多种乐器,也是勃拉姆斯学习音乐的启蒙者。幼年,他跟随当地的一些音乐教师学习钢琴作曲。其中E.马克森的严格教导,特别是其对德国传统古典音乐和德奥民间音乐的热爱,给勃拉姆斯以深刻影响。15岁时,勃拉姆斯首次登台公开演奏,显露出非凡的钢琴技艺。1850年,勃拉姆斯结识了逃亡到汉堡的匈牙利小提琴家E.赖门伊,与之旅行演出。1853年,勃拉姆斯结识了匈牙利小提琴家J.约阿希姆,在他的介绍下拜访了李斯特和舒曼夫妇。

他早期的创作主要受舒曼的影响,作品中常常表现出当时青年人所特有的热情、幻想、苦闷和抗争,在风格和手法上显露出舒曼的痕迹。1863年,勃拉姆斯定居维也纳。19世纪六七十年代,他除了演出和担任指挥外,主要从事创作,他的一些重要作品都完成于这一时期。晚年,勃拉姆斯渐趋消沉,创作力衰退,作品以室内乐和钢琴小品为主。

勃拉姆斯没有追随19世纪末期文学化、标题化的音乐潮流。他沉浸于古典音乐，用各种古典题材进行创作，追求严肃、深刻的内涵和严谨、完美的形式。他的作品缺乏贝多芬音乐宽阔充实、震撼人心的气魄，更趋内向，甚至晦涩。他的作品借鉴德奥民间音乐的旋律，亲切、质朴、平易、清新。

勃拉姆斯生性严肃沉稳，不善社交，终生未娶。他的晚年获得很多赞誉，人们常把巴赫、贝多芬、勃拉姆斯称作“三B”。有人称他是古典主义音乐家，也有人把他划入浪漫主义音乐家之列。1897年4月，勃拉姆斯在维也纳逝世。

勃拉姆斯的代表作有:《摇篮曲》、《海顿主题变奏曲》、《匈牙利舞曲》、《德意志安魂曲》等。

(2)代表作《摇篮曲》

1864年，勃拉姆斯在汉堡遇到了维也纳女歌手贝尔塔。贝尔塔的天真烂漫、温柔动人深深吸引了勃拉姆斯，他对贝尔塔一见钟情，贝尔塔也青睐于他的才华和魅力。然而，事与愿违，贝尔塔最终嫁给了法柏先生。但他们还是好朋友，这一首摇篮曲就是为了庆祝好友“法柏大人”第二个孩子的诞生而写的。

此曲作于1868年。由两个乐段构成，音乐中的旋律轻柔徐缓，加上装饰音的运用，为人们呈现出一幅母亲关怀祝福孩子的动人画面。作品充满安详恬适的气氛和对安定幸福的生活的憧憬，让人动容。

2. 弗里德里克·肖邦

(1)生平介绍

肖邦(1810～1849)出生于华沙郊区一个中学教师家庭，早年师从捷克音乐家日夫尼和德裔音乐家约瑟夫·文尔斯内尔。1829年，肖邦毕业于华沙音乐学院。他的创作带有浓郁的诗意、震撼人心的抒情性，是浪漫主义黄金时代的杰出代表。肖邦是19世纪中叶民族乐派的先驱，他的作品具有强烈的波兰民族气质和内涵。

肖邦的青少年时期，波兰民族解放运动日益高涨。1830年的华沙起义使他大受鼓舞，促使他的思想迅速成熟。而1831年华沙的沦陷，使得肖邦的创作发生了转变：他前期的作品充满了无忧无虑、热情和幻想，后期的作品中体现出民族危机感，表达出更多的痛苦、忧郁、孤寂，甚至反抗的激情。

此后，肖邦定居巴黎并在此度过了余生。他凭借自己的技艺和才华很快成名，名声显赫。在李斯特的介绍下，肖邦与作家乔治·桑相识。

肖邦的音乐继承了古典音乐的传统，又有着优美洒脱、情意真切的旋律。他的音乐时而爆发出英雄史诗般的激情，时而又陷入忧郁和哀伤，时而又进入梦幻般的诗意。在西方音乐史上，肖邦的抒情性钢琴作品有着举足轻重的地位，在19世纪浪漫主义繁荣时期的钢琴音乐作品中首屈一指。肖邦被后人誉为“钢琴诗人”，影响波及同时代的作曲家，并影响了19世纪末期的印象派音乐。

肖邦的晚年凄楚哀伤。1846年波兰民族运动的再次失败，使他深受打击；对故土的怀念、对亲朋的思念，让他难以自拔；与乔治·桑感情的破裂、自身病痛的折磨，让他饱受身体与心灵的折磨。1848年从英国演出回国后，他的病情急剧恶化。1849年10月，肖邦在巴黎去世，时年39岁。按照肖邦的遗愿，人们将他的心脏带回到祖国波兰。

他的代表作有《降D大调圆舞曲》、《降E大调夜曲》、《b小调谐谑曲》等。

(2)代表作

①《降E大调夜曲》

本曲创作于1830年,是他献给玛丽·普列埃勒夫人的作品之一。它是肖邦夜曲中脍炙人口的一首,也是最明朗的一首,作品的风格明显地流露出传统夜曲的痕迹。这首夜曲具有典型的肖邦早期作品的风格,平易优美、饱含诗意。

乐曲的构成为回旋曲式,行板。右手在装饰音中始终保持着华彩的咏唱,左手是节奏相同的伴奏型,自始至终保持同样的形态。恬静优美的旋律和精雕细琢的钢琴织体是其主要特点,描绘着大自然的夜色,也倾诉着作者心灵的话语。

夜曲多为作曲家在夜深人静时用音乐写下的内心独白。肖邦发展了这一体裁,其夜曲具有典型的抒情诗风格,在伴奏声部衬托下的旋律流畅如歌、充满诗意。

②《降D大调圆舞曲》

创作于1846年,是肖邦的15首钢琴圆舞曲中最通俗、最流行的一首。

相传,《降D大调圆舞曲》的问世与肖邦的情人乔治·桑有关。乔治·桑家里喂养着一条小狗,这条小狗十分逗趣,喜欢追逐自己的尾巴玩耍。乔治·桑希望肖邦能把这有趣的情景用音乐表现出来。于是,肖邦写成了这首乐曲。由于作品篇幅短小,因此又被称为《瞬间圆舞曲》或《一分钟圆舞曲》。又由于曲子表现的主体是只小狗,因此又被称为《小狗圆舞曲》。

这首曲子有三个部分:第一部分的音乐快速而流畅,活泼可爱又循环往复,仿佛小狗对着主人旋转作揖,滑稽逗人。第二部分的抒情乐段中,舒缓的旋律让人心情舒畅、怡然闲适。第三部分是第一部分的重现。

3. 弗朗茨·李斯特

(1)生平介绍

李斯特(1811～1886)出生于匈牙利雷汀。6 岁时李斯特就跟着父亲学习钢琴,9 岁时举行了第一场钢琴演奏会,得到了出国学习的资助。1821 年,李斯特与父亲一起来到维也纳,跟随车尔尼学习钢琴,又跟随萨里埃利学习作曲。1823～1845 年,李斯特定居巴黎,与柏辽兹、肖邦以及文学界、绘画界名流交往。1840～1847 年,李斯特在欧洲、俄国等地巡回演出。

李斯特风度翩翩、才华横溢、气质非凡。他喜欢在舞台上接受观众的掌声,他的作品充满绚烂的色彩、凌厉的气势、华丽的效果,因而总被作为音乐会的压轴曲目。音乐会往往成为他的独奏会,否则无法满足他内心强烈的表现欲。

对于李斯特而言,舞台上的一切都是表演,那时他已懂得如何包装自己。为了彰显个性,他把以往背对听众的演奏位置变为侧面朝向听众,以便于演奏家和听众情感的沟通,同时也向听众展示他那帅气俊俏的脸部侧影。他上台时总爱长发披肩,并且一定要戴上白手套,然后将其脱下抛向崇拜他的听众。他还曾将两架方向相反的钢琴摆在台上,依据音乐的拍子,在两架钢琴之间来回跑动演奏。李斯特即兴式的演奏让人眩晕,充分显示出他自由而夸张的浪漫主义的风格。他那浪漫优雅的台风、超凡出众的演技,让台下听众忽而静气凝神、忽而精神亢奋。

1833 年,李斯特与年长 6 岁的玛丽·达古伯爵夫人同居,引起上层社会的轰动。1847 年,他在赴俄国演出时,结识了卡洛琳公主,两人相爱并在魏玛定居了 11 年。

1861年,他们的婚姻遭到罗马教皇的反对,最终卡洛琳公主进了修道院。1865年,李斯特加入教会成为天主教神父。

1869年,李斯特从教堂中走了出来,恢复了他的社会活动和演出活动。1886年7月31日,李斯特因肺炎离开人世。

李斯特对西方音乐最重要的贡献是交响诗。他认为音乐可以像诗歌一样塑造光辉的形象,强调文学构思和音乐发展的内在联系,不主张具体描绘情节,而注重概括性地表达情感和形象。这些交响诗结合了文学、绘画与音乐,洋溢着诗的情感和意境,有时还有哲学和宗教的元素。这些交响诗有着宽广深厚的思想内涵、寓意深长的情感体验、作曲家内在情绪的宣泄。

李斯特还创作了大量的钢琴作品,其中一些作品与匈牙利民间舞曲联系密切,这些热情、辉煌而又充满诗意的作品显示出李斯特对钢琴艺术透彻的领悟和充分的展示。李斯特和肖邦是同时代人,地位与肖邦并列,开创了风格独特的钢琴艺术流派。

李斯特的代表作有:《b小调钢琴奏鸣曲》、《匈牙利狂想曲》、《旅游岁月》、《爱之梦》等。

(2)代表作《爱之梦》

1850年,李斯特把自己原有的三首歌曲改编成三首抒情钢琴曲,取名为《爱之梦》。原来的歌词分别作为钢琴曲的题诗。第一、二首的题诗是德国诗人乌兰德的《崇高的爱》和《幸福的死》,第三首的题诗是弗莱里格拉特的《爱吧》。三首《爱之梦》都是夜曲体裁,其中,第三首最为著名。原来的歌曲作于1845年,是一首用钢琴"演唱"的抒情歌曲,音乐深情婉转,抒写弗莱里格拉特诗中的意境:

爱吧!

能爱多久，愿爱多久就爱多久吧！
你守在墓前哀诉的时刻快要来到了。
你的心总得保持炽热，保持眷恋，
只要还有一颗心对你回报温暖。
只要有人对你披露真诚，你就得尽你所能，
教他时时快乐，没有片刻愁闷！
还愿你守口如瓶：严厉的言辞容易伤人。
天啊！
本来没有什么恶意——
却有人含泪分离。

廖辅叔译

原诗凄婉动人、伤感失落，表现了生离死别的痛苦无奈。而李斯特根据这首诗创作的乐曲却深情婉转，充满了希望和力量。

4. 夏尔·卡米尔·圣-桑

(1)生平介绍

圣一桑(1835～1921)出生于法国巴黎，当他两个月大时父亲就去世了，由母亲和姨妈抚养长大。受这两位音乐爱好者的熏陶，圣一桑自幼就展露出非凡的音乐天赋。4 岁时完成了第一件作品。10 岁正式登台演出，凭记忆成功演奏了贝多芬等人的作品，被誉为神童。13 岁时考入巴黎音乐学院，16 岁时完成了第一首交响曲，首演之时轰动了整个乐坛。

1875 年，圣一桑与朋友的妹妹玛丽·洛尔结婚，并育有两个孩子。1878 年，两个孩子先后离世。1881 年，圣一桑与妻子分手，但并没有正式离婚。

圣一桑的作品风格以结构工整、技法卓著、旋律优美、和声典雅著称，加上他的幽默机智，使得他的作品通俗亲切。

圣一桑也是一位多产的作曲家,作品涵盖了歌剧、交响曲、管弦乐与协奏曲。圣一桑知识广博、视野开阔,他对绘画、哲学、文学、戏剧也有所长,被称为“法国的门德尔松”、“不激情的完美主义者”。早年,他还涉猎地质学、考古学、植物学、昆虫学,是一名数学专家。1921 年 12 月 16 日,圣一桑在阿尔及尔因肺炎病逝。

圣一桑的代表作有:《动物狂欢节》、《骷髅之舞》等。

(2)代表作《动物狂欢节》

《动物狂欢节》是一部独具匠心、幽默诙谐的乐队组曲,创作于 1886 年。1886 年,圣一桑先后到布拉格、维也纳旅行演出。中途在奥地利休息时,他应巴黎好友的请求而作。在《动物狂欢节》中,作者以生动的手法,描写动物们在热闹的节日行列中,各种滑稽有趣的情形。组曲共有 14 首乐曲:表现 13 种动物的 13 首标题小曲和一首终曲。其中,只有《天鹅》一曲是在作者生前发表的。直到 1921 年,圣一桑去世后,这部作品才被公开,1922 年,这部作品才正式公演。

①《序奏和狮王进行曲》:由双钢琴的序奏开始,出现雄伟庄严的进行曲,表现狮子的登场:狮子迈着堂皇的步伐,带领着动物们的行列。

②《公鸡和母鸡》:母鸡用单簧管表现,公鸡则以最高音的钢琴表现。

③《野驴》:由钢琴飞驰般的演奏,描写在辽阔的草原上奔跑追逐的野驴。

④《乌龟》:采用法国作曲家奥芬巴赫《地狱中的奥菲欧》序曲中的一段,活泼快速的康康舞旋律;在此曲中,慢吞吞地演奏出来,与前一曲形成鲜明的对比。

⑤《大象》:在钢琴的圆舞曲节奏后,低音提琴奏出

柏辽兹《浮士德的天谴》中妖精之舞的旋律、门德尔松《仲夏夜之梦》中的诙谐曲，表现大象笨拙的步伐与滑稽可笑的舞步。

⑥《袋鼠》：用两台钢琴交替演奏出的装饰的乐句，表现袋鼠轻快的动作。

⑦《水族馆》：由钢琴弹奏出轻缓的琶音，表现水的波动，用长笛与弦乐演奏出安详的旋律，表现在水中悠游的鱼。

⑧《长耳人》：由第一和第二小提琴交互演奏出特别的乐句，表现被人驱使的毛驴的悲鸣。

⑨《林中杜鹃》：用钢琴的和弦表现幽静的森林，用单簧管模仿杜鹃的啼叫。

⑩《大鸟笼》：由弦乐器的颤音表现鸟儿振翅飞翔的声音，用长笛主奏表现小鸟飞跃的情景，用钢琴模仿鸟笼中小鸟的鸣叫声。

⑪《钢琴家》：曲中反复弹奏哈农的练习曲，讽刺钢琴学生不断苦练单调乏味的音阶。

⑫《化石》：木琴与管弦乐合奏出圣－桑《骷髅之舞》中骷髅们跳舞的旋律。

⑬《天鹅》：用钢琴的琶音伴奏表现清澈的湖水，接着大提琴演奏出美丽迷人的旋律，表现天鹅高贵优雅的浮游。

⑭《终曲》：这是最后所有动物一起活跃热闹的大团圆场面。最后汇集成欢乐的气氛，在灿烂欢愉的高潮中结束。

5. 乔治·比才

(1)生平介绍

比才(1838～1875)出生于法国巴黎，幼时就受到父母的音乐启蒙教育。9岁时，进入巴黎音乐学院学习。1857年，参加轻歌剧的创作比赛并获得罗马人奖，于次年赴罗马进修。1860年回国后，在巴黎定居从事乐谱校对、钢琴伴奏等工作。1863年，写成第一部歌剧《采珠者》。1865年，完成歌剧作品《伊凡四世》。1866年，完成歌剧作品《贝城佳丽》。1874年，完成歌剧作品《卡门》。比才经历了19世纪中叶法国的几次政治动荡，一直向往稳定的生活、安静的创作环境。

比才是继古诺之后，打破意大利歌剧对法国的影响，使法国歌剧从浅薄、浮华中解放出来的杰出人物。他的作品常取材于社会底层的平民生活，采用现实的手法描写场景，体现了浓厚的现实主义色彩。在风格上，体现了法国特有的华丽纤细和喜歌剧传统，使用和声与对位法。同时，展现了浓重的民族色彩(如《卡门》中的西班牙风格、《阿莱城姑娘》中的法国南部气息)，充满热情，反映了19世纪法国歌剧的最高成就。

(2)代表作《卡门》

这部四幕歌剧完成于1874年，是比才最后一部歌剧，取材于法国现实主义文学家梅里美的同名中篇小说《嘉尔曼》。它描写了一对出身、教养、情感、人生观都不同的恋人之间的恋情必然破裂的命运，深刻地揭露了现实生活中悲剧性的矛盾。一群生活于穷街陋巷、工厂酒馆、山野田间的烟草女工、士兵、军曹、走私犯等底层人物和他们的生活习俗、环境，首次登上巴黎歌剧的舞台。卡门这个热情奔放、酷爱自由、敢作敢当的吉卜赛女郎，被作曲家刻画得栩栩如生。这些给巴黎上层社会人们的道德观念和欣赏趣味带来强烈的冲击。当然，比才的反抗是有限的，经他改造的唐·霍赛的形象是个本可以得到爱情的小军官，却因违背习俗的卡门而身败名裂。

比才怜爱的形象是善良朴质的农村姑娘米卡埃拉，她象征着没有被城市的堕落和金钱腐蚀的传统道德精神。这些倾向寄托着比才对于延续正在消亡的宗法制度的幻想和内心深处的惧怕。

《卡门》最大的艺术价值在于，它为歌剧舞台留下了个性极为鲜明的人物形象，并运用西班牙音乐的音调、节奏及完整的舞曲，使剧中的人物、情节、环境表现得生动、真实而典型。作品以现实主义为题材，直接启发了19世纪末意大利真实主义歌剧的兴起。

6. 安东·利奥波德·德沃夏克

(1)生平介绍

德沃夏克(1841～1904)出生于布拉格郊区的一个屠夫家庭。由于家境贫寒，从12岁开始当了两年屠宰学徒，取得了屠夫执照。德沃夏克从小就接触民间音乐和音乐理论，他始终对音乐饱含兴趣。音乐教师李曼发现了他的音乐天赋，并说服了他的父母，把德沃夏克送到布拉格风琴学校学习音乐。

1862年起，他在布拉格临时剧院任中提琴手。在这期间，他勤奋钻研，积极创作，熟悉了大量的古典乐派和浪漫乐派的音乐，为他后来的艺术道路奠定了良好的基础。1878年，他创作的《斯拉夫舞曲》获得很大成功，从此奠定了他作为作曲家的地位。

德沃夏克多次出国访问，指挥演奏自己的作品。1884年开始，他前后9次出访英国。1892～1895年，赴美国任教。1893年，他写下了脍炙人口的交响巨著《e小调第九交响曲》(即《自新世界》交响曲，又称《自新大陆》交响曲)。他的作品数量众多、体裁多样、题材广泛。他是一位富有民族感和热爱民族艺术的音乐家，在自己一生的音乐创作中，始终将民族性、抒情性和欧洲古典音乐的传统紧密结合起来，达到尽可能完美的境地。

德沃夏克的晚年享有很高的荣誉：他先后被选为捷克科学院和艺术研究院院士、剑桥大学名誉音乐博士。他的代表作有《自新世界》交响曲、《幽默曲》等。

(2)轶闻趣事

年轻的德沃夏克每天都要搭乘火车进城工作，那时的火车行驶速度很慢，而且车轮声轰鸣，常人难以接受这样的噪音。可德沃夏克却把它当作车轮的演奏，陶醉其中。有一次，他正在欣赏车轮声，突然发现声音异常，他立刻大呼“快停下车！发生危险了！”火车停下后，很快前方来人通报说前面不远处铁轨断裂。德沃夏克的耳朵拯救了火车上的乘客。

(3)代表作

①《自新世界》

交响曲《自新世界》创作于1893年，正值德沃夏克在美国任教期间。由于身处异乡，对故乡捷克无比思念，这部交响曲用鲜明的音乐形象和真挚的感情，表达了德沃夏克身处美国的感触。作品中有对美国资本主义城市热闹繁忙的生活的直接写照，也有对印第安人生活的表现，同时深刻地表现了他对故土的无限怀念之情。整部作品以捷克民族音乐特色著称，共有四个乐章。

第一乐章是序奏，慢板，引子部分由弦乐器、定音鼓和管乐器竞相奏出强烈而热情的节奏，暗喻了美国紧张、忙碌的快节奏生活。第二乐章是最缓板，是整部交响曲中最为有名的乐章，充满浓烈的乡愁之情，是德沃夏克身处他乡时，对祖国无限眷恋之情的体现。第三乐章是诙谑曲，有两个主题：第一主题轻快、活泼，带有跳跃的情绪；第二主题清丽、明快，富有五声音阶特色。第四乐章是快板，奏鸣曲式。主部主题由圆号和小号共同奏出，威武而雄壮；副部主题则是柔美、抒情性旋律，由单簧管奏出。

②《幽默曲》

幽默曲又名滑稽曲，是流行于19世纪的一种幽默风趣、表现恬淡朴素、明朗愉快情致的器乐曲。其性质与戏谑曲相似，但节奏不限于3拍子，是器乐独奏曲的体裁。舒曼的降B大调《幽默曲》和德沃夏克的八首《幽默曲》都是钢琴作品。

1894年，德沃夏克在捷克的苇梭卡地区度假，创作了八首《幽默曲》，均为钢琴独奏小品。其中第七首尤为动人，后被改编为大提琴、小提琴、单簧管等乐器独奏曲，特别是克莱斯勒改编的小提琴独奏曲流传最广，就是我们常听的这首《幽默曲》。

这是一首泥土的颂歌、生命的颂歌，表现的正是土地上万物生生不息的自然景象。本曲为优雅的稍缓板，降G大调，2/4拍子。以第一主题为中心构成第一段，经过转成降g小调的中段后再予以反复，为复合三段体。反复时省略一部分，因而形式更为简单。

7. 爱德华·格里格

(1)生平介绍

格里格(1843～1907)出生在挪威卑尔根的一个商人家庭。6岁时，格里格跟随母亲学习钢琴，得到音乐启蒙教育，展露出非凡的音乐天赋。9岁，他谱写了一组钢琴变奏曲。15岁时，他进入德国莱比锡音乐学院学习。

1864年，格里格结识了挪威国歌的创作者诺尔德拉克。在他的影响下，格里格坚定了自己的信念，决心发展挪威民族音乐，成为一名民族主义人士。

1874年,他因成就卓越得到了政府授予的终身年薪,当选为法兰西艺术院院士,先后获英国剑桥大学和牛津大学授予的音乐名誉博士头衔。格里格逝世时,挪威政府为他举行了隆重的国葬。

格里格一生经历了挪威民族独立运动高涨的年代,具有进步的民主爱国思想。他借鉴欧洲各国音乐传统,特别是19世纪以来浪漫主义音乐发展的成果,通过对民族历史的歌颂,对祖国大自然和民间生活的艺术感受,创作出具有挪威民族特色和浓厚乡土气息的音乐。

他深受舒曼、门德尔松、肖邦的启蒙,被誉为"北欧的舒曼"、"北欧的肖邦",还曾受到李斯特极大的赞美和鼓励。格里格的音乐风格简朴、恬静、清新、明快,富于色彩变化。

格里格的创作主要是钢琴抒情小品和声乐作品,代表作有《钢琴抒情小品集》、《a小调钢琴协奏曲》、《晨曲》等。

(2)代表作

①《a小调钢琴协奏曲》

《a小调钢琴协奏曲》创作于1868年。这首协作曲具有挪威民谣风格的清新旋律,散发着浓郁的北欧乡土气息。乐曲素材新颖、生气蓬勃,洋溢着青春的活力,形成了自由奔放、多彩多姿的风格。

全曲共分三个乐章:第一乐章,钢琴演奏出激情满怀、富有魄力的曲调,接下来的主题清新而朴实,富于北欧民谣情调,充满了对未来的憧憬之情,是作者浪漫派艺术风格的完整体现。第二乐章,第一段由弦乐器柔和地奏出沉静的冥想性主题。第二段由主奏钢琴演奏出优美的快速音群化旋律,随后,乐曲节奏由急速趋于平静,缓慢地逐渐消失。第三乐章,是以同旋奏鸣曲形式为基础的自由构想。主奏钢琴那急切的速度如挪威的民间舞曲般热情、奔放，构成了宽广、壮丽的史诗。乐章在热烈欢腾的气氛中结束。

②《晨曲》

格里格根据1875年为挪威剧作家易卜生的五幕诗剧《培尔·金特》所作的配乐选编了两套组曲。从气势恢宏的写实到如入梦境的写意，都再现了挪威的群山峡谷、挪威人真诚勇敢的心。《晨曲》原为诗剧第四幕第五场的前奏曲，像是一缕宁静的阳光穿透心灵，极富表现力。朝阳、晨光、薄雾、河流配合着柔和的旋律，展示着婉转的黎明。音乐一开始，长笛轻柔地吹出静谧、安详的音乐主题，以五声音阶为主的旋律和平稳的6/8拍节奏，使其又具有清新的牧歌风味。这一象征晨曦的音乐主题使人进入恬静温馨的田园诗般的意境。双簧管接着长笛将主题延续下去，随后，又是长笛重复主题，但在移高小三度的调上进行。突出弦乐音响的整个乐队的加入，暗示从沉睡中苏醒的大自然一派生机勃勃的景象。逐渐地，音乐在宁静的气氛中消失。

8. 米哈依尔·伊万诺维奇·格林卡

(1)生平介绍

格林卡(1804～1857)出生于富裕地主家庭，自幼就受到民间音乐的熏陶，10岁时开始学习音乐。1818年，他进入圣彼得堡贵族学校学习。这一时期，他结识了普希金等进步青年，受到了反农奴制的影响。1830～1834年，他到西欧各国刻苦钻研音乐，结识了柏辽兹、门德尔松、贝里尼等音乐家。这一时期，他的作品如室内乐《悲怆三重奏》《降E大调六重奏》、浪漫曲《威尼斯之夜》《胜利者》都充满了浪漫主义的激情、真挚的情感和丰富的生活感受。1834

年,他返回俄国,积极从事创作。他创作了第一部歌剧《伊凡·苏萨宁》,充分体现了19世纪30年代俄罗斯文学中已树立的现实主义和人民性的创作原则,塑造了伊凡·苏萨宁这个人民英雄形象。1852～1857年,他往返于俄国、法国、德国从事创作演出。1857年2月,他病逝于柏林,骨灰运回圣彼得堡安葬。

格林卡为俄国音乐的发展描绘了一幅美好前景,表现了俄罗斯民族的历史、传说和生活。格林卡说过:"创造音乐的是人民,而我们作曲家不过是把它编成曲子而已。"他的音乐风格受到多方面的影响,既有西欧古典、浪漫派音乐语言,也有具有民族气质的俄国城市歌曲忧郁感伤的情调和俄国民间音乐曲调。可以说,格林卡是俄国民族乐派的奠基人。

格林卡的创作极其丰富,几乎囊括了全部主要的音乐体裁:歌剧、戏剧音乐、交响乐、钢琴曲、浪漫曲、室内乐等。他创造了俄罗斯古典歌剧,对俄罗斯交响乐的发展发挥了重要作用。格林卡的代表作有管弦乐《卡玛林斯卡亚幻想曲》、歌剧《伊凡·苏萨宁》。

(2)代表作《伊凡·苏萨宁》

五幕歌剧《伊凡·苏萨宁》,于1836年12月9日在圣彼得堡首次公演。以英雄伊凡·苏萨宁为题材,描述苏萨宁自波兰人手中解救沙皇的故事。它开创了俄罗斯音乐发展的新阶段——民族的、现实主义的音乐从此成为俄罗斯音乐发展的主要方向,俄罗斯音乐也开始产生世界影响。

序曲是用序奏的奏鸣曲式写成。在沉重的序奏后由双簧管独奏的旋律,是序幕三重唱中瓦尼亚所唱的曲调。其中活泼的第一主题,取自第三幕终幕的农民合唱;快活的第二主题是第三幕中瓦尼亚的歌曲。

9. 穆捷斯特·彼得洛维奇·穆索尔斯基

(1)生平介绍

穆索尔斯基(1839～1881)出生于地主家庭,他从小学习音乐,受到民间音乐的熏陶。1849 年在圣彼得堡读书,1852～1856 年在圣彼得堡近卫军士官学校学习,并开始钻研音乐、学习创作。1856 年,他毕业后到军队服役。1858 年,他辞退军职脱离军籍,专事作曲,成为“新俄罗斯乐派”(即“强力集团”)中最激进的成员。

19 世纪 50 年代末 60 年代初,穆索尔斯基创作了一些管弦乐曲、钢琴曲和乐曲。1861 年,沙皇政府被迫宣布废除农奴制后,他回到家乡,将祖传的土地和家产分给农民。穆索尔斯基的后半生在贫困中度过,精神上受到官方和保守努力的打击,物质上没有保障。1881 年 3 月,他在圣彼得堡去世。

作为一名贵族军官,穆索尔斯基常被人形容为一个醉醺醺的、口出粗言的莽汉,在他的作品中都能闻到俄国伏特加酒味。然而被人们誉为“怪杰”的他,思想激进,慷慨地把自由和地产赠给自己的农奴。作为艺术家,人民在他的作品中有着重要的地位。在他的歌剧中,人民已从怯弱、屈辱的奴仆变成让历史震颤的巨人。他的乐曲充满了对农民悲惨命运的同情,并深刻地揭露和讽刺了宗教、沙皇的虚伪和腐朽。为了体现作品内容的现实主义倾向,他在艺术上的创新十分大胆。他反对承袭西欧,认为真实的音乐不应粉饰社会,而应反映真理,反映活生生的人。他的作品中蕴涵着深刻的俄国民族气质,体现了强烈的个性。穆索尔斯基被称为现代音乐自然主义和现实主义的创始人。穆索尔斯基的代表作有《荒山之夜》、《图画展览会》等。

(2)代表作

①《两个犹太人》

《两个犹太人》选自穆索尔斯基创作的钢琴组曲《图画展览会》,创作于1874年,后由挪威作曲家拉威尔编曲为管弦乐组曲。全曲分别选择了俄国画家哈特曼创作的10幅内容完全不同的绘画作品为创作素材,由音乐主题贯穿始终,使得全曲音乐一气呵成,充分反映了作者面对不同绘画作品时的主观心境的变化,实现了音乐客观描写与主观情感体验的交互出现、最终融合,从而形成全曲独特的内涵。

戈登堡和什缪耶尔都是哈特曼在旅游写生时的模特。这两个犹太人,一个富有、肥胖、自满,另一个贫穷、消瘦、病态。他们本来是哈特曼两幅画中互不相干的人物,却在穆索尔斯基的《两个犹太人》中相聚,相互交谈、相互对照。戈登堡妄自尊大、傲慢粗暴,穆索尔斯基用间歇式的节奏、出其不意的重音、缓慢的速度来表现。什缪耶尔在富人面前颤抖、曲意逢迎,穆索尔斯基用加弱音器的小号来演奏。这两个主题都有犹太歌曲的一些特点。它们在各自的陈述后便交织在一起。富人的主题终于占据优势,穷人的主题屡次被粗暴地打断,并被抛弃一旁。

②《荒山之夜》

交响音画《荒山之夜》创作于1876年,取材于俄罗斯民间神话传奇,隐约表达了黑暗最终将被光明取代的信念。在原稿上,穆索尔斯基写下了这样的话:“来自地下深处非人类的轰鸣。黑暗幽灵的出现,以及随后黑暗之神的登场。对黑暗之神的赞颂和阴间的祭奠。狂欢作乐。在狂欢作乐最热闹时,远方传来乡村教堂的钟声,这声音驱散了黑暗幽灵。破晓。”

乐曲以快板速度为主题，表现了狂欢之夜的情绪，直到结尾处，表现破晓（竖琴的出现是全曲的转折）之后的平静才把速度放缓，乐曲开始于d小调，结束在D大调上。乐曲开始由第一、第二小提琴引领弦乐组以极低的音量演奏急速三连音，起初声音微弱随后迅速提高，在弦乐飞速的行进后，木管、铜管乐器组先后加入，不协和的小二、增四、大七度以及复音程等多次出现，勾画出荒山之巅群魔乱舞的疯狂场景。群魔的出场是为黑暗之王现身所做的铺垫，长号与大号在低音声部的齐奏，演奏出威严而低沉的旋律。之后，乐队齐奏，并升高半音模仿前段旋律，增强了音乐的戏剧性。乐曲逐渐加强力度，并在原本快板的速度上又加快了一些，整首乐曲到达激烈的高潮，狂欢进入了癫狂的阶段。突然，远处传来清脆的钟声，天已渐渐破晓，牧歌一样的旋律预示着熟睡的农民已经苏醒。这段纯朴的旋律与前面戏剧性的音乐形成鲜明的对比，乐曲在这样的平静安宁中结束。

10. 彼得·伊里奇·柴可夫斯基

(1)生平介绍

柴可夫斯基(1840～1893)出生于俄国一个冶金工程师的家庭，从小就喜爱音乐，受到民族音乐的熏陶，对本国和欧洲的著名乐曲非常熟悉。1850年，他进入圣彼得堡法律学校学习，并选修音乐课。1859年，他毕业后进入司法部任职。1863年，他辞去职务，投身音乐。1865年，他以优异的成绩毕业于圣彼得堡音乐学院。1866年，他应邀到莫斯科音乐学院任教。之后的十多年，他创作了大量的歌剧、交响乐、室内乐、歌曲和钢琴曲。

从1877年开始，柴可夫斯基与俄国富孀冯·梅克夫人建立了交往，接受了梅克夫人长达14年的资助。因此，他放弃教职,专心从事音乐创作。19世纪80年代到90年代初,是柴可夫斯基的创作晚期,也是其创作的顶峰期。《第四交响曲》、《第五交响曲》、《第六交响曲(悲怆)》,歌剧《黑桃皇后》,芭蕾舞剧《胡桃夹子》、《睡美人》等都是这一时期的创作。1893年,柴可夫斯基在圣彼得堡逝世。

柴可夫斯基一方面写作芭蕾舞剧《天鹅湖》等表现纯洁爱情和各种阻力的冲突的题材,一方面又在交响曲、协奏曲、弦乐四重奏中大量运用宽广深情而略带忧思的民歌、热烈而狂放不羁的民间舞曲。他把俄国社会的动荡不安、个人的心理感受、俄国的音乐传统结合起来,彰显了自己的创作特色。

柴可夫斯基的创作对现实提出了一种"永久的怀疑"。他的作品反映了沙皇专制统治下的俄国广大知识阶层的苦闷心理和对幸福美满生活的深切渴望,揭示了人们的内心矛盾,充满强烈的戏剧冲突和炽热的感情色彩。他虽然获得过很高的荣誉和地位,但也一再陷入社会与个人生活的不幸和痛苦,这种矛盾使他成为音乐史上一个较为复杂的研究对象。

他的代表作有舞剧《天鹅湖》、《第六交响曲(悲怆)》、《浪漫曲》等。

(2)代表作《第六交响曲(悲怆)》

《第六交响曲(悲怆)》于1893年完成,是柴可夫斯基的最后一部作品。这部交响曲旨在描写人生的奋斗、爱情乃至恐怖、绝望、失败等,充满了挣扎、追忆和悲恸的情绪,可以说是对柴可夫斯基一生的总结。作品表现了美好幸福的人生理想,同时也有无奈黑暗的社会现状。这两者相互冲突不可调和,最后的结局悲惨、哀伤。作者自己曾说:"在这部交响曲里,我倾注了自己全部的心血。"后来,他接受弟弟莫杰斯特的建议,用"悲怆"作为交响曲的标题。

全曲共四个乐章。第一乐章是慢板，转快板，b小调，奏鸣曲形式。序奏为慢板，低音提琴以空虚的重音作为引子，由低音管在低音区演奏出呻吟般的旋律，其他乐器则如叹息般地继续。主部的第一主题快速而富有节奏感地奏出，给人以苦恼、不安和焦躁的印象。之后乐曲的速度转成行板，第二主题哀愁而美丽，有如暂时抛却苦恼而沉入幻想中一般。乐章的终结部分十分柔美、温和，旋律在平静的伴奏下伸展，形成谜一样的结尾。第二乐章是温柔的快板，D大调，三段体结构。自始至终一贯单纯的色彩，其构想似乎来自俄罗斯民谣。主部的主要旋律在乐曲开头由大提琴呈示，具有舞蹈般的节奏，却又荡漾着一丝不安的空虚感。中段为b小调，主旋律在定音鼓的单调节奏下奏出。第三乐章是活泼的快板，G大调，谐谑曲与进行曲混合而无发展部的奏鸣曲式。这一乐章的主要内容反映了人们四处奔忙、积极生活的景象。本乐章第一主题为谐谑曲，具有意大利南部的民族舞蹈音乐塔兰泰拉舞曲的风格，轻快、活泼，与前两个乐章的主题形成对比。本乐章第二主题的主要旋律具有战斗般的感觉，但这一主题在进行曲般的旋律中，并没有明朗、快活的气息，反而呈现出一种悲壮感。这一部分略经扩展后，再次出现诙谐曲主题而达到高潮。紧接着进行曲主题再现，乐章的终结部在进行曲主题片断堆积的形态下强烈地结束。第四乐章是终曲，哀伤的慢板，b小调，自由的三段体。本乐章的主题极为沉郁，悲伤的旋律在圆号的衬托下显得更加凄凉。这一乐章正如本交响曲的标题，描写人生的哀伤、悲叹和苦恼，凄怨感人，有深沉的悲怆之美。

第四单元
反差、伏线训练

第一部分 理论概述

一、反差

“反差”一词最早是摄影专业的词汇，又叫密度差，是指负片或照片影像的黑白密度差别、被摄景物明暗差别。后被广泛运用于表达事物的对比度，泛指两个事物或一个事物的两个方面，如白天、晚上，生长、枯萎，成功、失败，清廉、腐败，冷、热等等。它们处在相互对立的矛盾状态，但又相互依存。当一方发生变化时，另一方也随之发生相应的变化。有时矛盾激化，形成剧烈的冲突，最后达到绝对失衡，产生事物质的飞跃和变化。

生活中处处存在着反差，为了更好地、更真实地反映生活，我们可以通过反差的手段来加强受众对事物的感知。运用反差，可以增强电视节目的故事性、情节性，如果再辅以适当的音乐加以烘托，能够更好地增强电视节目的可看性。

二、伏线

伏线是指前文为后文预先埋下的线索或暗示，类似伏笔。林纾《〈撒克逊劫后英雄略〉序》:“然每听述者叙传中事,往往于伏线接笋、变调过脉外,大类吾古文家。”

伏线是文学创作中叙事的一种手法,就是上文看似无关紧要的人物或者事件,对下文将要出现的人物或事件预先作的某种提示或暗示,或者说是前文为后文情节埋伏的线索。伏线使文章结构严密紧凑、情节发展合理,让读者看到下文时,不至于产生突兀、疑惑之感。例如《水浒传》中林冲发配沧州一节,路途中两个公差始终预谋要杀害林冲,便是伏线,而鲁智深一直暗中跟随保护林冲,也是伏线,形成“螳螂捕蝉黄雀在后”的可看性情节。

运用伏线时要注意:(1)有伏必应。不伏不应是败笔,只伏不应同样也是败笔。(2)伏得巧妙,切忌刻意、显露。应使读者无法轻易察觉伏线,要做到如自然成文。(3)伏与应不宜前后紧贴。如果伏与应前后贴得过近,反而会使文章显得呆板、枯燥。

运用伏线,可以增加电视节目的悬念,突出和激化矛盾,从而使节目更具可看性。同时,也能调动观众参与节目的积极性。

第二部分　教学内容与同步练习

一、教学内容

(1)讲解反差、伏线相关理论与音乐知识。

(2)介绍晚期浪漫主义音乐家马勒、施特劳斯、普契尼、西贝柳斯、拉赫玛尼诺夫,印象主义音乐家德彪西、拉威尔的生平与代表作品。

(3)反差、伏线只做语言部分训练,用语言将反差、伏线表现得恰当、自然,在短片中就会运用自如。

二、同步练习

(1)用德彪西《月光》做反差训练。

(2)用普契尼《我亲爱的爸爸》、拉威尔《小品》、西贝柳斯《芬兰颂》做伏线训练。

第三部分 教学方法、目的与要求

一、教学方法

1. 反差

(1)要求学生听音乐,表述具体内容。

(2)要求学生再次听音乐,运用音乐表现反差。在音乐的适当位置,进行适当停顿。

(3)语言表述逐步减少,可以只叙述音乐表现的画面,增强音乐本身的表现力。

(4)教师检查学生表述的内容是否符合要求,调整不恰当之处,给出具体建议。

2. 伏线

(1)循序渐进,教师应提出多种设想,给予学生启发。

(2)检查学生的主观意图和所表现的内容是否符合,符合要求后开始配合音乐。

(3)学生的主观意图和所表现的内容、音乐不相符合时，要在构思和音乐运用上进行调整，教师应给出具体建议。

二、教学目的与要求

1. 反差

(1)表述内容要求具有绝对的反差，包括不同场景、不同条件、不同时间的绝对反差，要有反差变化的结果。

(2)要求尽量多地用音乐表现画面，用音乐表现反差。

(3)做到语言、画面、音乐相结合。

2. 伏线

(1)伏线要求时隐时现，必须要用音乐烘托、表达。

(2)可以用音乐表达一个方面，也可以表达两个方面，但要主次得当。

第四部分　学生作业例稿

一、反差训练

〔法〕德彪西《月光》

作业一

新的一天又开始了，阳光灿烂得有些刺眼，街道上顿时热闹了起来。你看，大街上车辆拥挤，时而响起焦躁的鸣笛声。人们手里拿着早点,形色匆匆地走在街道上。一切都像是电影中的快镜头,快得让人目不暇接。

一眨眼的工夫,一天就这样结束了。同样是太阳,却变成了温柔的一抹红。一群放了学的孩子背着书包蹦蹦跳跳地走在街上,工作了一天的人们也不再行色匆匆。慢慢地散着步,享受着一天中难得的闲暇时光。依旧热闹的街道,少了些匆忙,多了几分闲适。远处的灯火次第亮了起来,偶尔飘来一阵阵饭菜的香味儿,迎接着回家的人们。

作业二

厚厚的高墙,冰冷的铁窗,阻断了他对外界的美好憧憬。三年的铁窗生涯,让他早已经习惯了孤独和冷漠。他平静地等待着,等待着重见天日的那一天。终于三年刑满,他即将出狱。但他却有些迟疑,他害怕那原本熟悉现在变得陌生的狱外生活。

走出监狱大门,一股微风拂面而来,带着些许青草和泥土的气息。和煦的阳光照射在他脸上,有些刺眼,却让他感受到了温暖。他提着随身的几件衣物,缓缓地行走在狱外的小路上。路边的青草随风摇摆,树枝上的小鸟清脆地鸣叫,几个玩耍的孩子清脆地笑着,他深呼一口气静静地感受着这陌生的自由。他并没有高声欢呼,而是静静地享受着。内心的欣喜化作了对未来的憧憬,脸上也洋溢着轻松,他望了望天空,新的生活就要开始了。

作业三

她是年轻的白领一族,她追求快乐,热爱生活。夜晚酒吧的音乐响起,她将头发随意地披散开来,摘下眼镜和朋友一起手拉手,扭动身体。她脱掉高跟鞋来到吧台中央，紫色的纱裙在空中摇曳。她紧闭双眼，忘记烦恼、释放压力，这里是她的舞台，她欢呼着，释放着自己的青春、活力和激情。

清晨的阳光温柔地洒在这个大厦的每一个落地窗前，此时还没有到上班的时间，她早早地来到了办公室整理了所有的文件。冲好咖啡，她站在落地窗前，呼吸和感受早晨的空气。她一身白色套装，头发整齐地梳成一个马尾，精神干练。当同事陆续地到来，她微笑着寒暄。她是年轻的白领一族，她追求快乐、热爱生活，珍惜每一种快乐和享受不同的人生。

作业四

今天天气很好，和煦的阳光、温柔的微风，热情的游客来到了这个广场。广场上有一个“模特”，但她不是明星，而是广场上做促销的“米老鼠”扮演者。

往来的游客在走过她身边时，纷纷要求和她合照。毫无疑问，和“米老鼠”在一起合照，那“点赞”还不是“手到擒来”？于是，一个造型接一个造型，看她苗条的身段，头上可爱的头套，简直人见人爱，这身道具服下一定是一个漂亮的姑娘。

太阳逐渐变成烈日，气温越来越高，不少游客拿出墨镜戴上帽子，这只可爱的米老鼠也开始露出疲态。要求合影的游客少了，她的促销速度也慢了下来，在树荫下的旅行车里，她摘下头套打算休息一会儿。

和我们想象中不一样，这并不是一个漂亮的女孩儿。她的脸上有着零星的雀斑，眼睛也远没有米老鼠那么大。放在人群中，这样一张普通的脸肯定不会引起我们多大的兴趣。但是，就是这样一个平凡的女孩儿，今天却给同样平凡的人们带来了无数的欢笑。我想，当脱掉这一身演出服,她仍然可能是一颗最棒的"开心果"。

二、伏线训练

1.〔意大利〕普契尼《我亲爱的爸爸》

作业一

这场战役打得如此惨烈,现在是战役的间歇,四周如此静谧。但每个人都按捺不住心里的渴望,他们渴望和平,渴望得到真正的安宁。他们似乎看见阳光拨开了云层。天是那样的蓝,而风如此轻柔地吹拂着。在蓝色的天幕下,一群白鸽自由地展翅飞过。

炮声又开始轰轰作响,为了心中的渴望,将军和战士们带着坚定的信念,勇敢地向前冲杀。

作业二

这是一个月明星稀的夜晚,月光如流水般洒落在片片树叶儿上。绿茵茵的草坪上,一群身着校服的女生谈笑风生。她们有的互相逗乐,有的躺下来静静地欣赏着这迷人的夜空。

这时树林边闪过一个男孩儿,手里拿着一束玫瑰花。他躲到大树背后,把花藏在身后。他喜欢这个躺在草地上仰望星空的女孩儿,可是他又没有信心和勇气向她告白。

女孩儿们依然有说有笑,享受着这迷人的夜晚。那个女孩儿似乎完全没有注意到那位苦苦等待她的男孩儿。男孩儿想迎上去,把手中的玫瑰花亲手送到女孩儿手中。他想象着女孩儿收到玫瑰花时娇羞的表情,想象着女孩儿如花的笑脸。他想象着女孩儿纯净的脸上泛起淡淡的红晕,捧着花时闻着那淡淡的花香而沉醉其中。男孩儿如此想着，终于鼓足了勇气，疾步走了过去。

流水的月光，鹅黄的路灯，摇曳的身姿，女孩儿们在星空下说着只属于她们的悄悄话，直至深夜才手挽着手、肩并着肩，回到了宿舍。这时男孩儿彻底地失望了，他又回到那棵大树下，一边踢着小石子一边使劲地捶打着大树。他懊恼地捏着玫瑰花，把花瓣一瓣又一瓣地抛向空中。最终，他扔掉花枝沮丧地走了，只留下这依然月明星稀的夜晚。

作业三

走进博物馆，陈列在面前的是中华上下五千年的历史，那些先人们的遗物证明了我们是个拥有五千年历史的古国。于是，一片片腐烂的竹片、薄如蝉翼的绫罗织布、用稀有石材制成的石棺都被挖掘出来，用高科技处理之后，进行编号、分类，进入了雄伟的厅堂，成为历史的记录。因此，那每一座刚刚被挖掘出来的遗址，给了我们惊喜之余，也一次次地证明了在这之前我们对历史文化的无知。沿着那些残垣断壁走过，我们深深地感到被遗忘的历史何止千万！

2.〔法〕拉威尔《小品》

作业一

遍地的尸体、烧毁的房子、残暴的日军，老人被迫逃离了南京，逃离了战火纷飞的城市，躲在这个看似平静的地方。老人的心一刻也没有停止过颤抖，他害怕南京的一切重新上演。他常常从梦中惊醒，他想起了那个埋葬了无数尸体的万人坑。他从惊恐中恍过神，环顾四周，似乎一切还在安宁中。他看到桌上那把防身的匕首，他想起那一把把还滴着中国人鲜血的军刀在不停地举起、落下。他感觉到了异常,他起身推开窗户,仿佛听到了日军的铁蹄逼近的声音。

隆隆的炮声让老人意识到,原来一切都来得这么快。日军已经开始逼近这座城市,老人在惊恐中看到南京的血腥和罪恶似乎又要在这座城市上演。

作业二

天空是灰蒙蒙的一片,还伴着一些零星的小雨,压得人喘不过气来。

马耶独自走在这条空旷的小道上,两眼无神,左右摇晃。曾经的誓言在耳边不断地回响,曾经的幸福画面不断地在脑海中闪过,恍如昨日,却已是物是人非。难道毕加索真的背叛了他们之间十年的感情了吗?她不愿也不敢相信。可是,她刚刚看到毕加索和另外一个女子亲密地抱在一起,嘴里说着曾经对她的承诺。别人说的时候,并不相信,可是如今已经亲自证实,还能期盼什么呢?

十年的感情化作了一场梦,心已死,泪已干,留下的只是一个孤独的背影。

作业三

女孩出生在一个幸福的家庭中,虽然并不是特别的富裕,但父母的疼爱和温暖的家庭氛围让她成为一个乐观、开朗、快乐的女孩。然而最近,她那个充满温暖记忆的家却仿佛蒙上了一层灰暗,家里很久都没有欢声笑语了。

父亲的心事越来越重,他经常失眠,一个人坐在客厅里抽烟,连和平时最疼爱的女儿也很少说话,家里有了些死寂。女孩看着墙壁上的全家福,温柔贤惠的妈妈、善良能干的爸爸，他们多么相爱，这个家庭多么温暖。然而现在，母亲经常晚归，父亲对母亲拳脚相加。那一晚她一夜未眠，门外是不断的争吵声、哭声、叫声，躲在被窝里的女孩感到无比地压抑和恐惧，她从来没有这样的无助。

当女孩看到桌子上已经签了名的离婚协议书，当她看到一个陌生男子开车将母亲带走，她明白，她的这个家永远也回不到从前了。

作业四

在这样一个潮湿、昏暗、空旷的房间里，堆满了各种各样的石头和泥土，卡蜜儿将自己一个人关在这儿已经三个月了。她手中拿着铁锤，在不停地敲击着，飞溅的石头就像她的心一样，早已支离破碎。她将一切的愤怒和伤痛转化成了一件件雕塑作品，含泪的老妇，还有那仰望着天空的女人，似乎就是她对爱情绝望的呐喊。黄色的月光透过玻璃窗照射在她瘦小的身躯上，突然一个人影从窗边隐隐划过，当她转过头去看时，却又不见踪影。她感觉到有一个身影在外面默默地关注着她，卡蜜儿夺门而出，追赶着那个黑色的身影。她看到了，看到了那个满头蓬发的男人罗丹。她立即停住了脚步，带着一种绝望走回了房间。

3.〔芬兰〕西贝柳斯《芬兰颂》

作业一

夕阳西下，年轻美丽的少妇正在河边洗衣。潺潺的流水声似乎让她忘掉了所有的一切，可是她并不知道邪恶正一步步朝她逼近。

一群挥舞着大刀的士兵面目狰狞，他们像发现猎物般地悄悄走向河边,不时发出阵阵淫笑。可怜的少妇并不知道等待她的将是怎样的厄运。当她发现河里的人影,抬头看到一个个面目狰狞的士兵时,一切已经来不及了。这时士兵们已经急不可耐,他们扔掉刺刀,解下皮带,慢慢地向少妇靠近。他们一起扑了上去,如禽兽般疯狂地撕扯着少妇的衣裳,发出阵阵淫笑。随即一声枪响,潺潺的河水上泛起殷红的鲜血。

一个如此年轻美丽的生命,就这样消失了。

作业二

这条漆黑的走廊根本没有尽头,一步一步,也不知走了多远,地上粗糙的沙砾已经把脚底磨得稀烂,沉重的手铐也让手上的皮肉翻卷,身体像机器一样向前行走,仿佛没有了知觉。

终于,前面出现了一点光亮!但那安静的光亮却充满了让人不安的气息。果然,受尽折磨后的战友们的尸体被堆在这里。处决台上空荡荡的,他们把我往上推,我知道,我也将听到最后那一声残酷的枪响。谁不畏惧死亡?但比起心中的信念,死亡只是一段漫长的睡眠,我的身体可以千疮百孔,我的意志永远坚硬如钢!我只愿,当我的灵魂乘上那飞快的子弹后,这害人的洞穴能早日倒塌!废墟下的躯壳,将永远化作不朽的基石!

来吧!

作业三

1911年12月14日,挪威探险家阿蒙森和他的队伍乘着狗拉的雪橇来到了南极,南极迎来了自己的首批客人。一个月以后,英国探险家斯科特也来到了这个他梦寐以求的地方,但是阿蒙森的挪威国旗已经在那里飘扬。他们深感失望，更加不幸的是，在返程途中南极寒冷的天气提前到来，他们的队伍供给不足饥寒交迫，在寒风中苦苦拼搏了两个多月，终因体力不支而长眠于皑皑白雪中。

不论是没能第一个到达终点的斯科特，还是距离极点只有一百米却与之失之交臂的沙克顿，都曾在这块寒冷的土地挥洒热血。

麦克默多站看上去普普通通，却是梦想家们的聚集地，来到这里的人大多是全职旅行者，他们都抱着要到达世界尽头的想法来到这里。地球上的经线在这里汇聚为一点，人们也在这里相遇，到了南极就再也没有南边这个说法。

当踏足南极时，人们仿佛置身于另一个星球。近乎静止的冰冻状态、高高耸立的皑皑雪山，与空中弥漫的乳白色烟雾交汇于天际，蓝白的冰川庄严而美丽，一切都是那么晶莹剔透。

南极是地球上唯一一个至今没有人类居住过的大陆，常年温度在－30℃～－20℃，经常有暴风雪肆虐，企鹅们只好聚集在一起取暖，以抵抗严寒。

在地球上的其他地方，人们正在享受着现代化生活带来的舒适，却感受不到遥远的南极大陆悄然无声的变化。

伴随着工业化，森林日益减少，二氧化碳含量日益增多，南极出现了几十年来最大的冰层断裂，数千米的冰山正在融化，动物的生存空间逐渐减小。如果人类不注重环保，白雪覆盖的南极大陆或许在不久的将来将不复存在。

附 晚期浪漫主义音乐与印象主义音乐

一、晚期浪漫主义音乐

19世纪末,浪漫主义音乐逐渐退出历史舞台。出生于19世纪六七十年代的作曲家们,到19世纪末期,在音乐艺术上已趋于成熟。他们极大地丰富了音乐创作的内容,不仅促进了19世纪后半叶民族乐派的崛起,更对20世纪西方近现代音乐的发展产生了深远的影响。

1. 古斯塔夫·马勒

(1)生平介绍

马勒(1860～1911)出生于奥匈帝国波希米亚的一个犹太人家庭。父亲是个商贩,母亲是贵族商人的女儿。6岁时学习钢琴,10岁时举办钢琴音乐会,15岁时进入维也纳音乐学院学习。从20岁开始从事指挥,曾在多个歌剧院任职。工作之余从事创作,创作了大量作品。

1888年,马勒创作了《第一交响曲》(《巨人交响曲》)。该曲表现了刚刚认识人生的青年人的情感,表现了他们在狭窄的世界里无畏地奋斗,勾勒出了他心目中的主角:一个伫立在天地间的巍峨巨人。标题"巨人"是由德国浪漫派作家尚·保罗的一首同名诗而来。马勒最早将这部作品称为交响诗,分为两部分:"青年时代的回忆"和"人间喜剧"。这部作品是马勒早期的成功之作。

从1897年开始,马勒在维也纳宫廷歌剧院担任总监长达10年，这一时期也是其音乐生涯的高峰。1905年创作的《第六交响曲》是马勒最富个性化的作品，大量使用了敲击乐器，三次敲击象征了命运对英雄连续三次的打击，最后一次就像树根被连根拔起。

宫廷歌剧院的10年任职，使得马勒深受其他人的嫉妒、陷害，积劳成疾，身患病痛，不得不辞去职务。1907年，他旅居美国，先后任纽约大都会歌剧院和爱乐交响乐团的指挥。1909年创作的《大地之歌》极富特色，用翻译的唐代李白、王维等诗人的诗句谱曲，这在西方音乐史上是绝无仅有的。1910年，他创作了《第九交响曲》。《第十交响曲》还未完成，1911年5月，马勒由于病情恶化，在维也纳逝世。

马勒的交响曲在形式上具有构思宏伟、规模庞大的特点，只有巨型的交响乐队才能演奏；在风格上，他力求发展维也纳古典交响乐的传统，题材渊源于维也纳民间音乐。他的第二、第三、第四、第八交响曲都加入了人声，大大丰富了交响曲的表现力，对20世纪音乐的发展起到了重要的作用。他对情感表现的激烈夸张的追求、对内心体验的隐喻象征的表述、对音响色彩浓度的强调，都成为后来兴盛于德奥的表现主义音乐的先兆。

马勒的代表作有《第一交响曲》、《第六交响曲》、《大地之歌》等。

(2)代表作《大地之歌》

《大地之歌》创作于1908年。这部作品是继《第八交响曲》之后的又一部交响曲，本应是他的“第九交响曲”。然而，由于贝多芬、舒伯特等人都是在写完自己的《第九交响曲》后去世的，马勒认为“第九交响曲”不祥，所以最后定名为“大地之歌”。这部交响曲是作者最为重要的作品之一，采用七首中国唐诗的德文版为诗词，共分六个乐章：

第一乐章:《愁世饮酒歌》,奏鸣曲式,双重呈示部,原诗为李白的《悲歌行》。乐章以古诗的歌词为基础,作者将诗分为三段,每段都用“生是黑暗的,死也是黑暗的”作为结尾。

第二乐章:《寒秋孤影》,奏鸣曲式,双重呈示部,原诗已无可考证。

第三乐章:《青春颂》,原诗已无可考证。这是一首青春的欢快颂歌,是整首交响曲在多灾多难的人生旅途中一首美好的插曲。

第四乐章:《咏美人》,复三部曲式,原诗为李白的《采莲曲》。

第五乐章:《春日醉酒人》,复三部曲式,原诗为李白的《春日醉起言志》。

第六乐章:《永别》,双展开部的奏鸣曲式,歌词前半段来自唐代孟浩然的《宿业师山房待丁大不至》,后半段来自王维的《送别》。节奏沉缓,与生、死主题的精神意蕴相合。

2. 理查德·施特劳斯

(1)生平介绍

施特劳斯(1864～1949)出生于德国慕尼黑,父亲是慕尼黑宫廷乐团的圆号演奏手,母亲是个啤酒商的女儿。施特劳斯从小就受到音乐教育和熏陶,4岁时开始学习钢琴,6岁时尝试作曲。1874年开始在中学学习音乐,1882年开始在慕尼黑大学学习哲学、美学、艺术等课程,还曾在慕尼黑宫廷乐团学习作曲。16岁时写出了第一部交响曲,1885年开始了指挥家的生活。后来,他陆续在慕尼黑、魏玛、柏林等地的乐团任指挥和总监。

他最初学习海顿、莫扎特和贝多芬的古典音乐，但后来赞赏柏辽兹、李斯特和瓦格纳的新音乐，从而完全转向标题音乐。除了年轻时写作的交响乐和室内乐等无标题音乐之外，他的作品大部分都是作为标题音乐的交响诗、歌剧作品及其他声乐曲。

从内容上看，他的交响诗分为哲理性交响诗和叙事性交响诗两类，前者以《死与净化》、《查拉图斯特拉如是说》最为有名，后者以《唐璜》、《堂吉诃德》最为有名。

施特劳斯生活在世纪之交，他的创作与马勒的冲动、激情和掩饰不住的悲观全然不同，用他自己的话说是“交响乐的乐观主义”。然而无论他的音乐多么富有生命力、多么美丽壮观，生活于19世纪末期的他，已经失去了足够的信仰作为根基。从他的音乐中，更多体会到的是音乐的形式和技巧、对音响美的崇尚和追求，缺乏振奋人心的力量。这也是同时代许多音乐家共有的一个特征。

施特劳斯的音乐富于描绘性，听众可以跟随他总谱上的标题去想象瞬息变化的情景、千姿百态的人物，体会俏皮幽默、柔情狂热等种种性情。他的音乐结构的自由、乐队技法的灵活娴熟和复杂多变，常令人迷醉、惊叹。他被称为19世纪的“技巧大师”。

施特劳斯的代表作有：《家庭交响曲》、《唐・璜》、《查拉图斯特拉如是说》等。

(2)代表作《查拉图斯特拉如是说》

《查拉图斯特拉如是说》创作于1896年，根据尼采的同名作品创作而成，是施特劳斯最为著名的一部交响诗。“查拉图斯特拉”就是琐罗亚斯德，他是古代波斯宗教改革者、琐罗亚斯德教的创始人。

施特劳斯曾这样解释这部作品：“我的意图并非是

写哲学性音乐，也不打算用音乐来描绘尼采的伟大著作，我的想法是以音乐为手段来表达人类的发展这一思想，从人类的起源，通过各个不同的发展阶段，宗教的和科学的，直到尼采关于超人的想法。”

在这部作品的首演节目单中，施特劳斯自己撰写的说明是：“第一乐章：日出，人类感觉到上帝的威力，但人类仍然在渴望；第二乐章：他陷入激情，心神不宁；第三乐章：他转向科学，试图用一首赋格来解答人生的问题，然而徒劳无益。接着响起了悦耳的舞曲曲调，他变成了个别的人，他的灵魂直上云霄，而世界在他之下深深下沉。”

这部作品在引子《日出》之后，包括连续不断的八段，各用一个尼采原著中的章节标题：①来世之人，②渴望，③欢乐与激情，④挽歌，⑤学术，⑥康复，⑦舞曲，⑧梦游者之歌。

3. 贾科莫·普契尼

(1)生平介绍

普契尼(1858～1924)出生于意大利托斯卡纳卢卡一个音乐世家，祖辈都在教堂做乐师。5岁时，跟随父亲学习管风琴。6岁时，父亲不幸去世，他又跟随舅舅学习唱歌。14岁，开始在当地的教堂做管风琴师。1880年，进入米兰音乐学校学习作曲，创作了许多宗教作品。1883年，创作了《安魂曲》。1924年，普契尼在比利时的布鲁塞尔去世。

虽然不能用“真实主义”来概括普契尼作品的特征，但他的美学趣味显然受到真实主义思潮的深刻影响。他从不避讳题材和对象的渺小，相反，由于他贫寒的出身，使得他特别同情小人物的处境，偏好塑造性格软弱、地位卑微的小人物。他曾说："我热爱小人物。我只能，也只想写小人物，如果他是真实的、热情的、富于人性的，并且是能通向心灵深处的。"

在当时音响巨大、色彩浓重的交响乐队统治的音乐世界中，普契尼的音乐以其情真意切的动人风格取胜。他的音乐与和声融为一体，交相辉映。同时，他的作品改变了意大利歌剧只重人声不重器乐的传说。

普契尼的代表作有：《蝴蝶夫人》、《图兰朵》、《我亲爱的爸爸》等。

(2)代表作

①《蝴蝶夫人》

两幕歌剧《蝴蝶夫人》创作于 1904 年，根据美国作家约翰・路德・朗同名小说改编而成，剧本的改编由美国剧作家贝拉斯科完成。1904 年 2 月 17 日，《蝴蝶夫人》在米兰首演。

这部歌剧表现的是日本妇女悲惨的命运：一位叫巧巧桑的日本姑娘，背弃了宗教信仰，只为了嫁给心爱的美国海军上尉平克尔顿。然而，婚后不久，平克尔顿就返回了美国，三年杳无音讯。尽管如此，巧巧桑仍深信自己的丈夫会回来。返回美国后，平克尔顿另娶了新妻。当他带着自己的美国妻子回到日本时，悲剧上演了。巧巧桑悲痛欲绝，交出了与平克尔顿的孩子，随后，她刎颈自尽……这部悲情性的歌剧深刻揭露了资产阶级世界观的自私自利，塑造了一个纯真美丽、敢爱敢恨而又让人怜悯的姑娘的形象。这部作品是普契尼的代表作之一，也是世界歌剧舞台上久演不衰的名作。

这部歌剧具有室内抒情风格，不追求复杂的剧情和外在的舞台效果，着重刻画女主人公巧巧桑的心理活动。音乐上直接采用了《江户日本桥》、《狮子舞》、《樱花》等日本民歌,来体现巧巧桑的艺妓身份和天真心理,具有独特的音乐色彩。其中,巧巧桑的咏叹调《晴朗的一天》是普契尼歌剧中最受欢迎的歌曲之一,也是歌剧选曲中最常见的女高音曲目。它运用较长的宣叙性的抒情曲调、把巧巧桑坚信平克尔顿会归来与她幸福重逢的心情,描写得细腻贴切,体现了普契尼高超的创作手法。

②《我亲爱的爸爸》

《我亲爱的爸爸》是普契尼的独幕歌剧《贾尼·斯基基》中一首著名的咏叹调,《贾尼·斯基基》的剧情取自意大利诗人但丁(1265～1321)的长诗《神曲·地狱篇》中的一个故事,于1918年在纽约大都会歌剧院首演。歌曲节奏平稳舒缓、旋律流畅委婉,描写了少女劳莱达为追求爱情向父亲恳求,并用充满真实情感的表白来打动父亲的感人场景,显示了少女追求爱情的坚定信念和机智灵活。歌词大意为:

啊!我亲爱的爸爸,我爱那英俊少年。我愿到露萨港去,买一个结婚戒指。我无论如何要去,假如您不答应,我就到威克桥上,纵身投入那河水里。我多痛苦,我多悲伤。啊!天哪!我宁愿死去!爸爸,我恳求你!爸爸,我恳求你!

4. 让·西贝柳斯

(1)生平介绍

西贝柳斯(1865～1957)出生于芬兰的一个医生家庭,父亲是一名军医,母亲是望族之后。他9岁开始学习钢琴,15岁学习小提琴,希望自己将来成为一名小提琴家。1885年中学毕业后,他遵从家人的意愿进入赫尔辛基大学学习法律,不久转入音乐学院学习。

1889年,赴柏林深造。一年后,又转赴维也纳学习音乐，圆了他的音乐家梦想。

1891年回国后，西贝柳斯到赫尔辛基音乐学院任教，同时进行创作。1897年，他获得了政府颁发的皇家议会年金，从而能够专心作曲。

1904年，西贝柳斯定居于赫尔辛基近郊，从事了50多年的创作。1914年，访问美国，接受耶鲁大学音乐博士学位。回国后，过着隐居生活，仍从事创作。1929年，停止创作。70岁时，芬兰政府将他的生日定为法定假日。在他75岁、80岁、85岁、90岁生日时，芬兰政府分别举办了盛大的祝寿活动和音乐会，向他表达敬意。

1957年9月20日，赫尔辛基管弦乐团正演奏西贝柳斯的《第五交响曲》，他听着广播传来自己创作的美妙旋律，突发脑出血，与世长辞。

西贝柳斯一生创作了100多部作品，他的作品凝聚着炽热的爱国主义感情和浓厚的民族特色，被认为是19世纪民族派浪漫主义音乐最后的代表人物，为芬兰音乐开拓了一个新的时代。

西贝柳斯的代表作有：《芬兰颂》、《第五交响曲》、《小提琴协奏曲》等。

(2)代表作《芬兰颂》

《芬兰颂》创作于1899年。原本是《历史场景》演出的配乐，后来作为独立交响乐闻名于世。

由于当时芬兰处于沙俄的统治之下，演出时不得不改名为《即兴曲》。1917年俄国十月革命后，芬兰独立，才以《芬兰颂》为名上演。该曲表现了芬兰受到俄国的残暴统治，人民受压迫的痛苦生活、反抗力量和对自由的强烈渴望，以及人们对祖国的赞美和祝愿。

该曲以严峻深沉的引子开始，引出抒情悲叹的主题，随着音乐的发展，情绪趋向高昂，充满战斗的激情，最后以充满信心的辉煌壮丽的尾声结束。该曲把芬兰人民的民族苦难、战斗意志和必胜信念的时代精神熔于一炉，被认为是芬兰民族精神的象征。

5. 谢尔盖·瓦西里耶维奇·拉赫玛尼诺夫

(1)生平介绍

拉赫玛尼诺夫(1873～1943)出生在俄国一个贵族家庭。他的家庭有着良好的音乐环境，其最早的钢琴教育就来自母亲。他5岁开始学习钢琴，9岁进入圣彼得堡音乐学院，16岁进入莫斯科音乐学院，先后学习钢琴和作曲。20岁时，他开始从事创作、演奏、指挥工作。

拉赫玛尼诺夫早期以钢琴演奏家的身份活跃于国际乐坛。他兼收前辈钢琴大家之长，形成了自己独特的演奏风格。

1895年，他创作的第一首交响乐《第一交响曲》发表，结果演出失败。他陷入异常的苦恼之中，创作开始减少。1901年，创作《第二钢琴协奏曲》，演出大获成功。他战胜了心理疾病，重新振作起来，进入了创作的高峰期。

5年后，为了避开动荡的时局，拉赫玛尼诺夫举家离开了俄国，经欧洲到了美国，在那里他潜心创作。1926年，他完成了《第四钢琴协奏曲》。晚年，他的创作比较少。1943年3月28日，拉赫玛尼诺因癌症在洛杉矶离开人世。

拉赫玛尼诺夫延续了晚期浪漫主义的音乐风格，他的音乐与俄国的文学艺术密切相关。他的作品旋律悠长、宽广深沉、华丽而富有表现力，真切地反映了世纪之交动荡不安的情绪，时代感突出，描绘了俄国的自然风光和民族历史，流露出对家乡无限的深情。

拉赫玛尼诺夫的代表作有:《c小调第二钢琴协奏曲》、《帕格尼尼主题狂想曲》等。

(2)代表作《c小调第二钢琴协奏曲》

《c小调第二钢琴协奏曲》被公认是拉赫玛尼诺夫最杰出的创作,广受世人的喜爱和欢迎。在所有俄罗斯作曲家的钢琴协奏曲中,它是首屈一指的名作。这首协奏曲充分发挥了抒情性和钢琴化的效果,尤其是本曲中的几个旋律充满了浪漫情趣。因此,这首协奏曲经常被附上各种歌词竞相演唱,并被改编成爵士乐,广为流行。

第一乐章是中板,c小调,奏鸣曲形式。开头,主奏钢琴弹出八小节像是钟声一样灰暗而沉重的和弦。之后,出现管弦乐的充满力量的c小调第一主题。在中提琴的引导之下,出现由钢琴主奏的降E大调第二主题,充满了甜美的伤感。第二乐章是肃穆而舒缓的三部曲式。开始的主题是从第一乐章抒情的副部主题派生来的,带有沉思的乐念,与主部主题形成鲜明的对比。第三乐章是诙谐的快板,C大调,近乎于回旋曲。由弦乐的演奏告一段落之处,钢琴雄赳赳地演奏出第一主题,并将此主题加以充分发展。双簧管和中提琴绵绵地唱出了第二主题,与第一主题形成了鲜明对比。乐章结尾,钢琴以强音对旋律加以装饰,并逐渐加快速度,最后在钢琴与全乐队合奏的强奏中结束全曲。

二、印象主义音乐

印象主义的风格起源于19世纪60年代的巴黎,一直延续到20世纪早期为止。1874年,一群被排斥在官方沙龙展外的画家们,其中有莫奈、毕沙罗、德加、雷诺阿、塞尚和摩里索等人,在莫奈的倡议下,以“无名画家、雕塑家、版画家协会”的名义，在巴黎市中心的一个照相馆里举行了一次与官方沙龙展相抗衡的群体展。

展出的作品与传统的学院派的绘画有着颇为不同的趣味，它们与其说是重视描绘对象的形体的准确性和立体感，还不如说是强调光线和色彩所形成的视觉效果。但是当时的批评家和公众的反应却充斥了惊诧、愤怒和嘲讽。记者路易·沃赛尔以一种嘲讽的态度对莫奈的《日出·印象》做出这样的评价：“具体的自然实体被变成一片片似是而非的印象，传统绘画中明晰而坚实的实体丧失了。”这次展览被称为“印象主义者展览会”，参加展览的画家被称为印象主义画家，其中不乏贬义。印象主义由此得名。

音乐上的印象派来源于绘画艺术。为了凸显音乐的恬淡气息与纤巧妩媚的情调，印象派音乐家喜欢用弱奏与极弱奏表达跳动的色调变化、模糊的轮廓、依稀朦胧的色彩。

德彪西和拉威尔与印象派画家广泛接触，深受影响，其音乐体现了印象主义的风格。1887年，德彪西在罗马进修时的作品——交响组曲《春天》，被法兰西艺术院的评委认为他对色彩的感觉过于强烈，从而忽略了精确线条和曲式的重要性，并提醒他要警惕朦胧的“印象主义”。尽管德彪西并不喜欢这个称谓，仍将其保留下来作为自己创作的一种新风格的称谓。

1. 克洛德-阿希尔·德彪西

(1)生平介绍

德彪西(1862～1918)出生于巴黎近郊的一个瓷器经营主的家庭。虽然德彪西并非出身于音乐世家，也没有良好的音乐环境，但他十分热爱音乐，幼年时期就显露出显著的音乐才能。11 岁时，他进入了巴黎音乐学院学习。1880 年，德彪西到俄国担任了柴可夫斯基的至交——梅克夫人的家庭钢琴教师。他开始接触到俄国音乐大师的作品，特别是穆索尔斯基的作品。这位大师极富特色的新颖和声，对年轻的德彪西产生了深刻的影响，为他后来所开创的“印象主义”音乐奠定了基础。1884 年，德彪西凭借大合唱《浪子回头》获得罗马大奖，并得到前往罗马进修的机会。此后，他的创作活动日渐频繁，广泛结交当时欧洲最活跃、最有影响的作曲家，并对瓦格纳的音乐产生了浓厚的兴趣。1890 年以后，德彪西和象征派诗人马拉美结识，他加入了以马拉美为首的巴黎文艺沙龙。在这里，德彪西结识了许多青年艺术家。他经常参加这些艺术家们的艺术讨论聚会，他们全新的艺术观点和思想深刻地影响着德彪西。这时，他的音乐已经开始带有“印象主义”色彩，并逐渐发展成为他的艺术风格。

1910～1917 年是德彪西创作的晚期，他身患直肠癌，健康状况急剧恶化，创作力也受到影响，日渐衰微。1918 年，正当第一次世界大战最为激烈的时候，德彪西在巴黎去世。

德彪西的创作理念是：“再现我所听到的东西，这是宁要感觉而放弃情节的课题。”也就是表明乐曲追求感官印象的描绘，用音乐表现听觉、视觉、幻觉甚至嗅觉捕捉到的自然、景物、人物等的感觉和印象。

德彪西对社会生活的内容不感兴趣，在描绘自然时，着眼点也在于表现其内心的感受。这种强烈的主观意识使他的标题性乐曲呈现出绘画般的光色变化，更给人一种飘忽朦胧、捉摸不定的感觉。他还用象征主义的诗谱写大量歌曲。他用毕生精力探索、表现感觉的世界,追求标题象征的总体意境。因此,他的音乐特征是新颖、雅致、清新、灵巧,以温婉的方式力求给人以快感。一位钢琴家曾形容德彪西的音乐是“来自另一个星球的音乐”。

德彪西的代表作有《贝加摩组曲》、《大海》等。

(2)代表作

①《月光》

钢琴曲《月光》原本是《贝加摩组曲》中的第三段。《贝加摩组曲》从1980年开始创作,1905年出版,由《前奏曲》、《小步舞曲》、《月光》和《巴斯比舞曲》四首乐曲组成。在《月光》中,作曲家以清淡的笔墨、朴素的音调,描绘出一幅万籁俱寂、月光如洗的图画。乐曲采用了古老的多里亚调式,充满了诗情画意。

乐曲由三部分组成。第一段,降D大调,速度徐缓而富于表情,描绘月夜幽静景色给人留下的印象;中段先转到E大调上,后来又回到降D大调。右手的旋律由一些短小的乐句组成,左手配之以分解和弦,好像一阵阵清风轻轻地摇动着树枝,稀疏的树叶发出沙沙的响声。这一段和第一、三段宁静的气氛形成对比,给人以动的感觉,因此比较活泼。第三段基本上是第一段的再现,但音型上有些变化。乐曲最后是一段尾声,宁静的曲调和分解和弦,把月光下缥缈如梦的意境,描绘得更加富于诗意。

在德彪西的作品里,除了钢琴曲《月光》,还有两首以《月光》作为曲名的歌曲,它们是根据诗人保尔·韦莱纳的诗篇谱写的,可见德彪西对“月光”这一题材的喜爱。

②《大海》

《大海》是一部交响素描,创作于1905年。本曲为德彪西规模最大的一部交响音乐作品，由三个不同内容的乐章组成，但每个乐章之间又有内在的联系，构成一部完整的作品。通过丰富多样的和声手法与绚丽多彩的管弦乐配器手法，使人们联想到辽阔的地中海海面变化无穷的景象。新颖的和声、短小的旋律、丰富的音色、自由的发展，这些印象派的手法，都生动地刻画出了一幅幅大海的生动画面。

第一乐章：《在海上——从黎明到中午》，顺序描写了晨曦初露到中午时分大海景象的变换。

第二乐章：《波浪的游戏》，生动地描绘了白色的浪花拍击海岸时的情景。

第三乐章：《风和海的对话》，这一部分开始时，定音鼓的震音刻画出远方的雷声。之后，音乐描写了海风吹到海面，引起阵阵的潮声，犹如风和海的对话。

2. 莫里斯·拉威尔

(1)生平介绍

拉威尔(1875～1937)是德彪西之后又一位印象主义音乐大师，是法兰西民族音乐艺术特色的又一位体现者。他出生在一个工程师家庭，7 岁开始学习钢琴，12 岁开始作曲，14 岁进入巴黎音乐学院学习。与此同时，他结识了许多法国印象派画家，受到他们艺术上的影响，并且对德彪西的音乐颇为崇拜，产生了浓厚的兴趣。

尽管拉威尔掌握了传统的创作技巧，但他并不受其束缚，显露出非凡的才华。1899 年创作的《帕凡舞曲》、1901 年创作的《水的嬉戏》等作品，都显现出印象派音乐的特色。1905 年音乐学院毕业后，他的创作开始趋于成熟，创作了《鹅妈妈组曲》、《西班牙狂想曲》等作品。1914 年第一次世界大战爆发，拉威尔自愿参军征战。

1917年,因病复员,之后隐居巴黎,专事创作。1932年,他不幸遭遇车祸,头部受伤,两年后被诊断患上脑瘤。1937年12月手术后不久,拉威尔离开人世。

拉威尔早期的创作虽受到德彪西的强烈影响,也同样受到当时法国所流行的轻视社会内容的唯美主义艺术思潮的影响。他迷恋象征主义诗歌、印象派美术,又研究吸收传统音乐的成果。在拉威尔的创作中,各种民间音乐的素材得到更多的运用:印尼、印度的音调和节奏,希腊、马达加斯加的民歌,吉普赛人狂放而热情的音乐,西班牙的音乐。

他的曲子还存有巴洛克时代的对位意识,精密而巧妙。但其作品题材比较狭窄,很少直接源自当时的社会生活,而多是对景物的描绘和表现童话、传说、故事等,缺乏对生活的炽热的感情。

拉威尔的代表作有:《鹅妈妈组曲》、《西班牙狂想曲》、《加斯巴之夜》、《波莱罗》等。

(2)代表作《西班牙狂想曲》

《西班牙狂想曲》创作于1907年,这部管弦乐作品以如画般的手法描绘出浓郁的西班牙氛围,表现了拉威尔个人音乐风格上的一些偏爱。这部作品反映出他极为注重创作技巧上的精雕细刻、音乐效果与技法的协调一致,以及对音乐主题完美的处理,标志着他的音乐创作已进入成熟阶段。

这部作品共分四个乐章:《夜的前奏曲》、《马拉加舞曲》、《哈巴涅拉》、《集市》。

第一乐章:《夜的前奏曲》以朦胧的雾霭和若隐若现的弦乐下行音型的吟咏开场,最后在渐弱的温柔的单簧管独奏中结束。突然,整个管弦乐队强力的爆发冲破了云雾。

第二乐章:《马拉加舞曲》以弦乐低沉的拨奏和木管乐器低声的席卷而过的音型开场,预示了不祥的征兆。嘹亮的小号像一个斗牛士一样伴着强烈的节奏紧张地闯入,而后又回到了由英国管独自演奏引起回忆的曲调。

第三乐章:《哈巴涅拉》以高音域的木管乐器和弦乐器唱出了经典的哈巴涅拉风格,使人感受到在地中海阳光下缓慢而踏实的感觉。

第四乐章:《集市》每一个小节的节拍与速度都表现出节奏是至高的。在中间插入的慢乐段,再次在蹒跚的节奏下由英国管和单簧管营造出阴郁的气氛。

第五单元
电视节目制作训练

第一部分　理论概述

电视是视听兼备的艺术。“视”就是要让观众看到镜头的运动,使观众理解镜头的光线、色彩、构图所体现的内容和思想;“听”就是要让观众听到语言、音乐、音响传播的信息。恰当、合理地使用音乐,可以突出主题、渲染事件、刻画人物、烘托气氛,从而提高节目的可视性和可听性。

一、新闻类节目

新闻节目不仅是传播信息,实质上它是探讨人与人、人与自然、人与社会的关系。新闻是对新近或正在发生的事实的报道,涉及面广,例如产品质量问题就涉及生产厂家、技术监督部门、工商行政管理部门等。这就要求我们要具有多方面的知识、多样化的表达方式,才能更好地传播信息。

在新闻节目制作方面,应注意以下几点:

(1)广播电视是党和政府的喉舌,广播电视节目要符合党的方针政策,立场要正确、态度要鲜明。

(2)哈罗德·拉斯韦尔认为传播的三大功能是:①

监视环境，②联系社会(社会协调)，③传承遗产(文化)。我们在进行传播时，首先要明确我们的传播是否具有这些功能。

(3)判断新闻的价值，注意新闻的信息量、真实性。价值判断不同，思考不同，结论不同，深度不同，要有透过现象看本质的能力，使观众产生思想上的震动，达到引导效果。

(4)突出重点、注意取舍，同时又要运用细节，使观点寓于细节中。

(5)把握主题基调和风格。

(6)强调形象性传播，要学会捕捉形象，充分利用典型形象进行表达，因为形象最具情感冲击力。

二、社教类节目

社教类节目涉及面广，包括科技、法律、经济、文化等各领域。社教类节目的目的是传播科学文化知识，进行社会教育，使受众热爱科学、了解科学知识。

社教类节目应注意以下几点：

(1)注重科学性。要有严谨的科学依据，能深入浅出地把深奥的科学原理阐释透彻。

(2)注重趣味性和故事性。要把枯燥的理论通过具体形象的演示，变得具有可听性、可看性，体现人性化和人文关怀。例如科学家的一些发明，可以围绕发明过程的艰辛、发明成果的意义等展开，不仅使观众了解科学原理，而且更具有趣味性。

(3)注重通俗性。社教类节目不应是说教，一定要使更多的观众感兴趣。例如儿童科教节目，在选题上就要考虑儿童的兴趣和接受能力。只有将节目做得更具通俗性,才能吸引儿童。

(4)注重节目编排,突出兴趣点。要考虑在结构上怎样编排,才更有可看性。可以使用悬念、铺垫、伏线、反差、冲突、交叉、平行叙述等手法,使观众在轻松愉快中获得知识,得到精神上的愉悦。

社教类节目应以人为本,使受众了解更多的科学文化知识,构建科学的人与社会的关系、人与自然的关系,使人有更好的生活环境、社会环境。

三、服务类节目

进入21世纪,服务类节目有了更为丰富的内容,如旅游、家政、服装、时尚、健康、娱乐、教育等方面,形成了多元化的传播。

同样的信息从不同的角度可挖掘出不同的主题,从而产生不同的传播效果。与新闻类节目和社教类节目一样,服务类节目也可采用纪实性手段,以增加节目内容的可信度。

(1)注意节目定位。老年人、中年人、青少年对生活有不同的需求,应当根据受众不同的年龄段、收视习惯等进行分析,更好地满足人们的需要,促进人们生活方式的转变。

(2)注意节目的针对性。例如经济危机爆发、经济危机持续中和经济回升、经济完全复苏等经济发展的不同阶段,人们的心理状态、生活状态是不同的。经济形势较好时人们更多的是考虑投资,实现财富增值,而经济危机爆发时人们更多的是考虑储蓄,保证资金安全。所以要以经济发展为前提,以市场为中心,以消费为重点,提示消费现象中的规律和特点。有什么样的消费规律和特点就有什么样的需求，所以我们要了解社会经济形势的变化，才能将服务类节目做得更具新意，与时俱进。

(3)注意节目的实效性。也就是要明确服务什么、如何服务，努力加强服务类节目的实效性。服务类节目要关注社会的变化，节目内容和形式都要及时进行调整和创新。例如在形式上，生活场景的运用、观众的直接参与和色彩鲜明的节目包装等，都可以增加节目的看点，要有审美意识。

(4)注意节目的导向。应当选择健康向上的节目内容和形式，给观众以正确的引导。

(5)注意节目的娱乐性。今天人们更多地关注自身的发展，因此服务类节目要善于发现快乐、聚焦快乐、放大快乐，使受众在愉悦中获得知识。

(6)注意节目的实用性。服务节目一定要内容实用、效果直接、操作具体、方便可学，对日常生活具有指导作用。

总之，服务类节目是为人们日常生活的具体需要提供服务的一种节目形式。

第二部分　教学内容与同步练习

本单元要求学生综合运用所学知识，进行节目策划、制作、编辑等方面的训练。要求学生独立编创各类节目，并在节目中合理地运用音乐。教师的任务是帮助学生解决节目制作过程中的难题，纠正从节目策划到音乐运用等环节的不当之处，考查作品的合理性、统一性、创新性和完整性。

第三部分　教学目的与要求

一、教学目的

本单元的教学目的是使学生学会制作电视节目短片,并在电视节目制作中运用音乐,以满足各类节目对音乐运用的需要。

二、教学要求

1.采编播

(1)采

①主题鲜明,有积极意义。

②层次分明,主次有致。

③选材有典型性。

④切忌材料堆积,对材料进行编辑组合。

⑤有亮点,展示个性。

(2)编

①音乐风格与作品风格统一。

②音乐运用流畅。

③画面能更好地表现内容。

④镜头类别多样,运用得当。

⑤景别变化合理流畅。

⑥画面清晰。

⑦画面剪辑流畅。

⑧画面风格统一。

⑨用音乐表达、烘托伏线，引发受众丰富的想象。

⑩利用反差、伏线设置悬念，增强作品的故事性。

(3)播

①语言表达与音乐运用相符合。

②语言变化与音乐节奏一致。

③加强语言的动作性。

2.音乐运用

(1)音乐要与节目风格、内容相协调，成为节目中不可或缺的重要部分。

(2)用音乐突出、烘托和表达节目的主题，注意音乐形象和主题思想的契合。

(3)用音乐突出和表现节目中的主要事件。

(4)用音乐声效表现激烈的矛盾冲突，烘托矛盾激化的氛围。

(5)用音乐表现悬念，增强情节的表现力。

(6)用音乐表现伏线的发展，增强节目的可看性。

(7)用音乐刻画和表现具体的人物形象。

(8)用音乐表现关键的时间、地点和条件。

(9)用音乐连接节目中不同的段落层次，使节目更加流畅。

(10)音乐要与画面、解说词相协调，不能相互干扰或喧宾夺主。

学生应根据具体节目的风格特色和要求有所选择地运用以上几条，同时要注意音乐风格的统一完整，不能过于杂乱。音乐要与画面、解说词相协调，成为节目不可或缺的组成部分，成为表现节目内容的重要手段。

第四部分 学生作业例稿

短片作业(见在线学习资源)

1. 新闻类节目

《笑谈南北文化》

2. 社教类节目

《美丽的水结晶》

3. 服务类节目

《新娘的捧花》

附 现代音乐

进入20世纪以后,新音乐潮流在更广阔的范围内得到了充分的发展,各种音乐思潮、流派不断发展、兼容并蓄。许多具有个性的作曲家,突破了传统的审美模式,实验、探索音乐表现形式,构成了20世纪音乐复杂而丰富的面貌。

一、表现主义音乐

表现主义产生于第一次世界大战前夕,最早出现在绘画、文学等领域。表现主义音乐主张音乐要表现思想本质和内在灵魂，体现艺术家自我的感受和体验。内心的体验成为艺术家创作的依据，他们用自己对现实的主观理解代替了客观真实的世界。

表现主义艺术家把人们的无奈、苦闷、悲伤、孤独，用极端的方式表现了出来：旋律是零碎的、急剧跳动的，从一个极端到另一个极端的变化；和弦是不和谐的、尖锐的；节拍是不对称的；结构是不清晰的。

表现主义音乐的代表人物是奥地利音乐家勋伯格和他的两个弟子贝尔格和威伯恩。

1. 勋伯格生平介绍

勋伯格(1874～1951)出生在维也纳一个贫寒的家庭，8 岁时学习小提琴。16 岁时父亲去世，家境更加贫苦。勋伯格辍学到当地一家银行做职员，以维持家计。20 岁时，在一个业余管弦乐团做大提琴手。1901 年，赴柏林，在剧院任指挥，后到斯特恩音乐学院任教。后来回到维也纳，在画家康定斯基的影响下开始作画，两人成为至交。1911 年，在慕尼黑的一场演奏会上，康定斯基为勋伯格的无调性音乐而激动不已，这样的旋律表现正像他挥洒在画布上的抽象意识一样。勋伯格正是借助表现主义的手法，传达出孤独、无助、焦虑、紧张、恐惧等现代人对战争与工业化社会的疏离情绪。

1915～1917 年，第一次世界大战期间，年过 40 的勋伯格在奥军服役。后来，他又回到柏林和维也纳从事音乐教学工作。1925 年，他在普鲁士艺术学院担任作曲教授。希特勒政府上台后，身为犹太人的勋伯格被解雇。1933 年，他前往美国。1935～1944 年，他先后在南加利福尼亚大学和洛杉矶加利福尼亚大学任教。1941 年，他取得美国国籍。1951 年,他在美国洛杉矶去世。

勋伯格的音乐创作一般分为两个时期:第一个时期大约从 1897 年至 1908 年。这个时期的作品带有晚期浪漫主义的特点,深受瓦格纳的影响,这时的作品还没有完全抛开调性。第二个时期大约从 1908 年至 1912 年。他的许多重要作品都是在这一时期完成的,这个时期的作品具有表现主义的特征。

勋伯格是一位具有大胆创新精神的作曲家,他的作品曾经引发很大的争议。他首创了"十二音体系"的无调性音乐,并且培养了许多"十二音体系"的作曲家。他和他的学生贝尔格、威伯恩被合称为"新维也纳乐派",即"表现主义"音乐流派。他对音乐所进行的重大的、具有划时代意义的改革,影响了一大批年轻作曲家,如达拉皮科拉、肖斯塔科维奇等人都不同程度地受到了他的影响。

勋伯格的代表作有:《乐队变奏曲》、《净化之夜》、《小提琴和钢琴幻想曲》等。

2. 勋伯格代表作《净化之夜》

1899 年,25 岁的勋伯格从理查·戴默尔的诗集《女人与世界》中得到了灵感,创作了这部弦乐六重奏《净化之夜》,这也是他早期音乐创作的一个重大成就。1917 年,这部作品被改编为管弦乐曲,1943 年又修订过一次。

《净化之夜》描写的是月光下的森林中一对漫步的恋人,其中的女子怀上了别人的孩子,然而她深感身边的这位男子才是她唯一的爱人。她认为自己罪孽深重,正在祈求男子的宽恕。男子用真切的话语原谅并慰藉着这位女子。两人热情相拥,随后,在林中漫步。

乐曲共分为五段:第一段描绘了冷漠的月夜中彷徨

踌躇的恋人的深情，第二段描写了女子深深的歉意，第三段与第一段相仿，第四段表现了男子温柔的慰藉，第五段与第二段相仿。

二、新古典主义音乐

第一次世界大战以后的西方音乐领域，掀起了一股新古典主义或称为新巴洛克主义的浪潮，主张否定浪漫主义以来的音乐传统，恢复18世纪的音乐面貌，恢复库普兰、亨德尔、普赛尔等巴洛克时期和早期古典主义音乐家的创作风格及具体手法，提出了“返回巴赫”的口号，试图再现那些在巴赫时代一直是被人们尊奉的作曲原则。作曲家经常从维瓦尔第、巴赫、亨德尔等人的创作中汲取灵感，寻找他们要表现的材料。艺术家们要求音乐整体的各方面的均衡、完美、稳定，追求适度的、有控制的、普遍的感情。他们要求复兴浪漫主义以前的曲式，提倡复调音乐、结构对称、配乐清晰，提倡“纯音乐”，尽量使听众把注意力放在音乐本身。

1. 伊戈尔·菲德洛维奇·斯特拉文斯基

(1)生平介绍

斯特拉文斯基(1882～1971)出生在俄国彼得堡，他的父亲是一名男低音歌手。他从小就受到音乐的熏陶，9岁开始学习钢琴，中学毕业后进入圣彼得堡大学学习法律。1905年毕业之后，他又跟随私人学习音乐。1909年，他的作品《焰火》在圣彼得堡上演，引起了轰动。1914年，因为健康关系，他迁居瑞士。1920年，他从瑞士移居法国，并在此定居。这一时期，经过一系列探索，斯特拉文斯基创立了新古典主义，提出了“回到巴赫”的口号。之后芭蕾舞剧的创作逐渐减少，他将创作的重心集中到歌剧、室内乐上。他与其他艺术门类的艺术家交往密切，其中毕加索对他影响最大。斯特拉文斯基在进行新古典主义创作的同时，也对爵士乐产生了兴趣。1934年，他加入法国国籍。1939年，他再次赴美，并前往好莱坞发展，结识了卓别林，并为他的电影配乐。1945年，他加入美国国籍。

加入美国国籍之后，他创作的乐曲中爵士乐的风格越发浓郁；在作曲上，他重新开始创作大型作品。在完成了歌剧《浪子的历程》之后，斯特拉文斯基开始对序列主义产生兴趣。1971年，他在美国去世，死后葬于威尼斯。

他是现代主义音乐的重要代表之一，其创作大致可分三个时期：俄罗斯风格时期、新古典主义时期、序列主义时期。他的代表作有：《火鸟》、《春之祭》、《管乐八重奏》、《敦巴顿橡树园》等。

(2)代表作《春之祭》

芭蕾舞剧《春之祭》完成于1913年3月，于1913年5月29日在法国巴黎剧院首演。这部芭蕾舞剧描写了俄罗斯原始部族庆祝春天的祭礼，既有鲜明的俄罗斯风格，也有强烈的原始表现主义色彩。

整部芭蕾舞剧共分为两部分：前一部分有8段，后一部分有6段。第一部分：《大地的崇拜》，包括《引子》、《大地回春，青年舞曲》、《诱拐之舞》、《春之轮舞》、《对垒游戏》、《长者的行列》、《大地的崇拜》、《大地之舞》。第二部分：《献祭》，包括《引子》、《少女神秘的环旋舞》、《对被选少女的颂赞》、《祖先的召唤》、《祖先的仪式》、《被选少女的献祭舞》。

斯特拉文斯基曾说："《春之祭》除了我自己的努力

之外，更应该感谢德彪西，其中最好的音乐（前奏曲）和最差的部分（第二部分两只独奏小号第一次进入和《对被选少女的颂赞》的音乐）都有他的功劳。”这部作品使斯特拉文斯基进入一个新的音乐世界，形成了自己独特的风格。

2. 爱德华·埃尔加

(1)生平介绍

埃尔加(1857～1934)出生于英国一个乐器商家庭。他自幼爱好音乐，从小就开始学习小提琴和管风琴。中学毕业后，担任小提琴手，并开始尝试作曲。1890 年，他以序曲《弗鲁瓦萨尔》引起人们的注意。1899 年，他的第一步交响乐作品《谜语变奏曲》出版，获得成功。1900 年，他创作了清唱剧《杰龙修斯之梦》。这两部作品被誉为英国音乐复兴的标志。1901 年，他创作了《威仪堂堂进行曲》的第一首（共 5 首，最后一首创作于 1930 年），奠定了他作为当时英国最成功作曲家的声誉。1902～1914 年，他四次访问美国。1904 年，他获得爵士称号。1911 年，他获得功绩勋章，此后专注于大型器乐曲的创作。1920 年后，由于妻子去世，他的创作逐渐减少。1924 年，他被封为英王御前音乐教师。1931 年，他被封为从男爵。1934 年，他在英国伍斯特去世。

埃尔加的音乐深受 19 世纪德国浪漫主义作曲家勃拉姆斯、瓦格纳等人的影响，同时带有某些英国风格。他从英国民歌及传统音乐中汲取营养，创作中充分体现英国民族风格。他将高雅脱俗的表达与流行风格相结合，作品旋律优美、作曲技巧精湛、配器技法高超，和声语言源自勃拉姆斯和舒曼，又带有瓦格纳式变化音的色彩，音乐风格既亲切又忧郁。

总而言之,他的艺术毫不褊狭,思维极为宽广,风格庄严而淳朴,被看作是英国的贝多芬。

他的代表作有:《谜语变奏曲》、《威仪堂堂进行曲》等。

(2)代表作《谜语变奏曲》

这部以"谜"为主题的、由14段变奏组成的大型管弦乐曲,是埃尔加的名作。写作于1899年,同年6月在伦敦首演,听众反应热烈。作曲家总谱上的题名是《一个创作主题的变奏曲》,题献是"献给乐曲所描绘的我的14位朋友"。至于所描绘的是什么人,埃尔加不愿加以说明,人们只能根据每首变奏曲前的缩写字母或绰号来加以猜测。乐曲分为前后两个部分,用弦乐器奏出的前一部分(6小节)在g小调上,后一部分(4小节)则有管乐器加入,并转为G大调。这支优美而稍带悲哀情调的旋律稍加展开后,便不停顿地转入了14个变奏。1934年,埃尔加去世之后,他的挚友在报刊上披露了这14个变奏的谜底。

3. 乔治·格什文

(1)生平介绍

格什文(1898～1937)出生在美国纽约一个犹太移民家庭,自幼喜欢爵士乐。他12岁开始学习钢琴,1914年,中学还未毕业就当上了一名歌曲推销员。他发表的第一首歌曲是《当你想要它们时却得不到》,他创作了大量流行歌曲,获得好评。20世纪20年代中期,他已经成为百老汇和好莱坞的著名作曲家。

格什文是真正将美国通俗流行音乐与专业音乐结合起来的作曲家。1924年,他创作的钢琴与爵士乐队曲《蓝色狂想曲》大获成功,使得原本在舞厅和夜总会里演奏的爵士乐鸣响在音乐会大厅中。这部作品也被誉为“交响爵士乐”,它具有的世俗、幽默、率真的特点是过去美国音乐中少有的,这也为后来作曲家利用流行音乐语言创作音乐会作品开辟了道路。接着,他创作了《一个美国人在巴黎》、《第二狂想曲》、《古巴序曲》等著名作品。1935 年,他创作了描写黑人生活的歌剧《波基与贝丝》。这段时间是他短短一生中的创作黄金时期。1936 年,格什文开始在洛杉矶从事电影配乐。正当他的事业处于顶峰的时候,他因患脑癌离开人世,终年 39 岁。

(2)代表作《蓝色狂想曲》

1924 年,格什文应著名爵士音乐指挥家怀特曼的请求,为即将举行的流行音乐会创作一部严肃的“爵士协奏曲”。几天后,格什文坐火车前往波士顿参加他的音乐喜剧《甜蜜的小戴维》的首演,车轮飞速地旋转,发出“哐啷哐啷”的节奏声,他凝神细听,腹稿已成。一周后,作品接近完工。格什文接受弟弟的建议把题目定为《蓝色狂想曲》。这部作品的结构非常自由,具有爵士乐即兴演奏的特色。

《蓝色狂想曲》是为钢琴和管弦乐队而写的类似单乐章的协奏曲作品,其中主题的即兴式表达与交响性的发展有机地结合在一起。黑人布鲁斯音乐的调式及和声因素、爵士音乐的强烈的切分节奏和滑音效果,都赋予这部构思独特的作品一种与众不同的色彩。

三、新民族乐派

20 世纪的新民族乐派与 19 世纪的民族乐派一样,扎根本民族文化土壤,弘扬民族精神,传播民族文化,振兴民族音乐。20 世纪新民族乐派更为深入地探讨民间音乐的本质，以科学研究的方法观察本民族与其他民族的民间音乐，并使它与现实生活相结合。他们比前辈更懂得如何使用尖锐的不谐和音，懂得如何使用打击乐般的节奏和各种古老的民族调式，这一切形成了一种新的音乐语言，进而促进了本民族音乐艺术的发展。代表人物有匈牙利的巴托克等。①

1. 贝拉·巴托克生平介绍

巴托克(1881～1945)出生在匈牙利一个农业学校校长家庭，母亲是一位教师。他6岁开始学习钢琴，很早就显露出演奏和作曲的天赋。1898年，他进入维也纳布达佩斯音乐学校学习。1904年，他记录了第一首匈牙利民歌。1905年，他和作曲家佐尔坦·科达伊开始系统研究匈牙利民歌。1906年开始，他带着留声机，走遍匈牙利以及周边地区，收集、研究民间音乐，并发表了许多文章。1940年，纳粹在德国掌权，巴托克被迫迁居美国。但在美国，他并不被重视，作品很少演出，基本生活无法得到保障。1942年开始，他的健康每况愈下。1945年9月，巴托克因白血病在纽约去世。

巴托克是20世纪现代音乐的重要代表，他收集了9000首匈牙利民歌，纠正了多年来人们对匈牙利民族音乐的误解，证明了匈牙利民间音乐不是被欧洲作曲家所常用的那种城市里的吉卜赛音调，从而摆脱了将质朴的民间音乐纳入传统音乐规范的惯例。巴托克挖掘民歌本身的美和真实感，同时尝试各种现代作曲技巧，最后形成了他立足于现代又扎根于匈牙利土地的独特风格。

他的代表作有《舞蹈组曲》、《管弦乐协奏曲》、《罗马尼亚民间舞曲》等。

---

① 朱秋华:《西方音乐史》，北京大学出版社2009年版，第347页。

2. 贝拉·巴托克代表作《罗马尼亚民间舞曲》

除本国的民族音乐外，巴托克对邻国罗马尼亚的民族音乐也做过广泛收集。那里独特的音乐激发了他的创作才能，成为他进行音乐创作的助推器。《罗马尼亚民间舞曲》就是最好的例子。

《罗马尼亚民间舞曲》完成于1915年，包括六首个性鲜明、色彩纷呈的舞曲。这六首舞曲都十分短小，演奏时间总共六分钟。它们好似六幅微型的罗马尼亚民间风俗画，画面朴素、笔法简练。

舞曲开头是《手杖舞曲》：规则而有力的节奏表现了特兰西瓦尼亚山民在跳传统的“手杖舞曲”时以杖击地的情景。在这一节奏背景上出现的旋律有着浓郁的地方色彩，在欢快、热烈中透出甜美的伤感。旋律中的切分节奏以及末尾的重音，同样是在模仿木杖敲击的效果。

《布劳尔舞曲》是由腰间系传统的五彩饰带的山民所跳的一种轻盈、活泼的舞蹈。在弦乐拨奏的背景上，单簧管以顿音演奏出质朴、跳跃的旋律，透出机智和从容。这一简短的旋律由弦乐和长笛重复一遍后结束。

《蹬脚舞曲》乐曲的开头描绘出夕阳下暮霭沉沉的黄昏景象，孤独的短笛吹出一曲凄凉而伤感的歌，好似失意恋人的心声。

《布舒姆舞曲》同样哀婉深情，小提琴独奏的旋律充满缱绻、缠绵的情愫，可以将这一段抑郁而伤感的舞曲看作是对《蹬脚舞曲》的呼应。

《罗马尼亚波尔卡舞曲》有力的节奏推动着充满活力的旋律，由两个重复的三拍子小节和一个二拍子小节构成。

《碎步舞》是用急促的碎步跳的民间舞蹈，节奏越来越快，最后达到火热的高潮。

第六单元

故事编创训练

第一部分　教学内容

故事编创训练要求学生用镜头、图片、语言、音乐等手段讲述一个完整的故事。要求故事是一个有头有尾、有情节有矛盾、有人物形象的完整作品。本单元可根据教学时间,考虑是否进行。

第二部分　教学目的与要求

一、教学目的

本单元的练习是为了提高学生们从选材到编排,从撰写文字到选取画面、运用音乐,直至作品全部完成的每个环节的动手能力。

二、教学要求

(1)创作者要有强烈的表达愿望。只有有了强烈的表达愿望，才能有创意，作品才能有活力、有亮点。

(2)对材料进行组合、剪辑，使之更有可看性、可听性。形式上要新颖别致，内容上要引人入胜、发人深省，要有艺术性，抓总体节奏。

(3)故事的发展、人物的行动要合情合理，要符合逻辑。

(4)镜头的运用或图片的选择必须很好地表达剧本内容，体现剧本的主题思想、主要事件、矛盾冲突、情节发展。

(5)镜头或图片本身风格不仅要统一，更要表达出剧本的风格特色。

(6)音乐的选择也必须以剧本和镜头风格特色为基础，从而起到烘托、表达或画龙点睛的作用。

(7)在运用音乐的同时，应配合音效，从而强化表达的强度，增加故事的感染力。

(8)要求学生做不同风格、不同题材、不同体裁的作品，进行多种尝试。

第三部分　学生作业稿例

短片作业(见在线学习资源)

(1)《〈良友〉杂志》

(2)《唱片传奇》

(3)《2012》

(4)《咏春拳》

附　当代音乐

在1945年以前,西方一些作曲家开始对新的音响手段进行实验和探索,使第二次世界大战以后现代音乐进入了剧烈发展变化的时期。

音乐家们完全抛弃了传统的创作观念和技法,以声音、音响、音色作为创作中心,探索新的表现体系和音乐语言,挖掘新颖奇特的音乐效果。音乐与科学技术紧密结合,一些音乐家本身就是科学家,他们利用电声技术制造出自己感兴趣的音响。

从20世纪60年代末期起,西方音乐的多元化格局更为明显,各种流派和风格的音乐同时存在,出现了重视传统、回归传统的趋势。许多年轻的作曲家对古典音乐和流行音乐都表现出极大的兴趣,古典音乐和流行音乐的结合逐渐普遍起来。音乐在多样化的同时,又呈现出空前的综合性。70年代以后流行的包括简约派、新浪漫主义、第三潮流、拼贴手法等,都可以看作是传统与现代结合的音乐流派。

一、微分音音乐

微分音指的是小于半音的音程。它突破了钢琴一个八度所提供的十二个半音的范围,采用四分音、六分音、八分音甚至更小比例的音符。

1895年,墨西哥作曲家J.卡里略首次使用四分音写成了一首弦乐四重奏。之后,其他作曲家也陆续做了这方面的尝试。如美国作曲家C.E.艾夫斯用四分音写了弦乐曲以及《第四交响曲》。在欧洲，微分音音乐的先锋派作曲家有意大利的F.布索尼，他应用了三分音。

20世纪微分音音乐的代表人物有捷克作曲家巴哈和美国作曲家帕奇。巴哈（1893～1973）用四分音写了歌剧《母亲》，用六分音写了歌剧《天国来临》。1924年，他在布拉格音乐学院创建了微分音音乐系。帕奇（1901～1974）提出一个八度内包含43个等分音程的理论，他还自己制造乐器、组织乐队演奏微分音音乐作品。

20世纪50年代之前，由于演奏及人类听觉的限制，微分音音乐尚处于探索阶段。20世纪50年之后，西方使用微分音已较多见。特别是在电子音乐中，由于可以任意控制音高，使用者更多。

二、噪音音乐

噪音音乐是由噪音组合而成，没有固定音高，音的震动是不规则的。噪音音乐是未来主义思潮在音乐上的主要表现，它来源于意大利未来画派鲁索洛的美学思想。鲁索洛认为噪音早已随19世纪机器的产生而存在，他主张跳出纯粹乐音的狭小圈子，征服噪音这一无限变化的领域。1913年，他发表了一篇未来主义音乐宣言《噪音艺术》，倡导采用各种音响、噪音作为创作乐曲的材料。1916年，他出版了《噪音艺术》一书，进一步发挥他的思想。

面对噪音音乐，听众时常难以接受。1921年，在巴黎举行了几场噪音音乐会，引起了很大的争议。然而一些音乐家却对器械的声音所具有的新的音响可能性颇感兴趣。法国作曲家埃德加·瓦雷兹（1883～1956）受到未来主义思潮的影响和噪音音乐的启发，对表现机械时代、实验新的音响很感兴趣。他对新音乐的实验主要依靠节奏和音响。他选择了打击乐领域,由此成为西方第一位系统而广泛地探索打击乐的作曲家。他的代表作有《荒原》、《电子的诗》。

作为20世纪初期的音乐,噪音音乐影响了具体音乐、后工业时代的一些作曲家,在他们的作品中都可以找到未来主义音乐的元素。它为20世纪音乐打开了一个广阔的、新的音响之门,直至进入信息时代,它仍是音乐艺术的前沿,为音乐的表现带来无限生机。

三、序列音乐

序列音乐是指将音乐的各项要素(称为参数)事先按照数学的排列组合编成序列,再按此规定所创作的音乐。序列音乐的技法摒弃了传统音乐的各种结构因素(如主题、乐句、乐段、音乐逻辑等),是20世纪50年代以后西方重要的作曲技法之一。最早最简单的序列音乐是勋伯格所创立的十二音音乐。十二音音乐的音列,就是将音高次序排列成一定的序列。1936年,韦贝恩创作的《钢琴变奏曲》第二乐章中使用了音高在各音区分布的序列,以及发声与休止交替的序列。

第二次世界大战后,布莱兹、梅西昂、施托克豪森等一批作曲家逐步将韦贝恩的方法加以扩展,使节奏、时值、力度、密度、音色、起奏法、速度等都形成一定的序列,产生了所谓整体序列主义(又称全序列主义)。序列音乐的代表人物是法国作曲家梅西昂。

奥利弗·梅西昂(1908～1992)出生于法国一个知识分子家庭,1919年进入巴黎音乐学院学习,1942年几经波折成为巴黎音乐学院的教授。他的音乐个性鲜明,以丰富的音响组合加上浓艳的色彩著称。他的代表作是《时值和力度的模式》。

四、偶然音乐

偶然音乐是指作曲家一定程度地故意对作品的创作或演出不加控制的音乐，它是作曲家把偶然的、不确定的或没有预先设计好的因素带进作品的创作或演奏中的产物。作曲家的乐谱可能写得很简单，需要演奏家自己加以处理。偶然音乐主要是受爵士乐的即兴创作及演奏方式的启发，让演奏者参与创作。可以说，偶然音乐的出现是西方音乐家企图精确控制音乐的各个方面的极端结果。

偶然音乐的代表人物是美国作曲家约翰·凯奇(1912～1992)。他的第一首偶然音乐作品是《变化音乐》，根据中国的《易经》写成。凯奇根据六十四卦制定出六十四个音乐图示，然后采用扔三个硬币的方法从正反面找出相应的六线形及其在音乐中的答案，以此组成全曲。这种方式类似于掷骰子，因此也有人称偶然音乐为“掷骰子音乐”或“机遇音乐”。

五、电子音乐

电子音乐泛指一切利用电子手段产生或修饰声音而成的音乐。纵观电子音乐的发展，大致可以分为三个阶段：最初利用阶段、电子乐器阶段和计算机音乐阶段。

19 世纪末，留声机的发明改变了音乐的欣赏方式，人们不再局限在演奏现场听音乐。电子技术的发展，使音乐家意识到音乐艺术与电子技术相结合的必要性，并做了一些尝试。意大利作曲家雷斯比基在《罗马松树》中用留声机在乐队演奏过程中重现夜莺的啼鸣，音响效果使人耳目一新。这是利用电子技术的最初阶段，还没有体现出电子技术在音乐创作领域的应用。

随着电子技术的进一步发展，音乐家大胆创新，将电子技术应用于乐器方面的研究，制作出电子乐器。电子琴的产生是电子乐器发展史中的一个里程碑。它以独特的音响和表现力向人们展示了自己的发展前景。1959年电子合成器得到改进，1964年电子合成器有了广泛的使用价值，进一步简化了具体音乐制作的复杂过程，增加了音响组合的可能性，开拓了广阔的音响天地，增加了音乐的表现手段。

对计算机音乐的研究开始于20世纪40年代末，美国的迈休斯等科学家、泰伊等音乐家都为计算机音乐的发展做出了有益的工作。计算机音乐是指不仅利用计算机作曲，而且其音响材料也出自计算机的电子音乐作品。它利用电声把人声和其他各种声音汇合成不可抑制的音流，传达出强烈的感情，代表人物是法国的里塞，代表作是《突变》。

六、具体音乐

具体音乐是指把自然界或日常生活中的具体音响录制下来加以变化和处理组成作品。它的发明者是法国作曲家谢菲尔(1910～1995)，代表作是《一个人的交响曲》。

20世纪四五十年代，磁带录音机出现，音乐家们不仅将它用于音乐的储存和传播，还将它用于音乐创作。40年代末，法国巴黎广播电台成立了德沙伊德俱乐部，主要成员是作曲家和科学家。他们以录音机为主要工具，采集自然界中的各种自然音响，运用多种录音技术加工制作，并把这样的音响效果取名为“具体音乐”。

具体音乐作品除了使用传统乐器的音响效果外，还大量使用自然界的音响，如雷电声、风暴声、鸟鸣声、风声、机械声、火车的轰鸣声、人声等。具体音乐的倡导者们利用录音机的机械性能制造各种特殊的音响，如改变录音机的录音和放音速度，颠倒磁带的放音顺序等。

具体音乐在20世纪五六十年代的音乐舞台上经常出现，特别是在广播电台的各类音乐节目中出现的机会较多。具体音乐的很多做法被电子音乐所借鉴，电子音乐逐渐兴盛，一些具体音乐的作曲家开始了电子音乐的创作。具体音乐不能保持自己独立发展的趋势，最终被电子音乐所取代。

附录一

绘画与诗词作品训练

第一部分 理论概述

绘画和诗词作品形象感强，通过绘画和诗词作品，我们能够感受到具体形象，获得艺术享受。同时，绘画和诗词作品具有丰富的信息，可激发我们的想象力，提高我们的艺术感受力。

1. 绘画与诗词作品可以反映大量的时代信息

不同时期艺术家的作品可以反映大量的时代信息。如我国北宋时期画家张择端的《清明上河图》展现的是北宋末期徽宗时代汴京(今河南开封)郊区和城内汴河两岸的建筑和民生。又如17世纪佛兰德斯画家鲁本斯的《劫夺留西帕斯的女儿》，表达了对封建专制的反抗、对人自身价值的肯定和自主独立的精神。又如读杜甫的诗，我们总能感受到他忧国忧民的情怀和唐朝由盛转衰之时的战乱、民不聊生。这些都说明绘画和诗词作品中含有大量的时代信息，表达了不同时代的时代精神。

2.绘画与诗词作品可以反映丰富的情感信息

艺术作品通过具体的形象，表达作者对客观事物的认识和情感。例如欣赏梵·高的《向日葵》,我们可以感受到爱和温暖,感受到作者对生活的热爱。欣赏挪威画家蒙克的《呐喊》,我们可以感受到作者生活的痛苦无助,是所有被压抑者向这不平的社会发出的呐喊。读白居易的《忆江南》,我们可以感受到白居易对江南景色的热爱。所以,绘画和诗词作品包含了作者丰富的情感信息,包含了作者对生活的感悟、对生命的思考、对人生的理解。

3.绘画与诗词作品可以反映大量的地域信息

绘画和诗词作品中都存在着鲜明的地域特征。例如古希腊绘画作品中的人物形象多是裸体,因古希腊自然环境并不富饶,古希腊有一句谚语"一生下来就要与贫穷为伍",又加上古希腊城邦众多,所以战争四起。为了捍卫自己的城邦,武士们必须有强健的体魄。因此当时希腊人认为强健就是美、是力量、是荣誉,因此就要表现人体的美。北宋词人柳永的《望海潮》:"东南形胜,三吴都会,钱塘自古繁华。烟柳画桥,风帘翠幕,参差十万人家。云树绕堤沙,怒涛卷霜雪,天堑无涯。市列珠玑,户盈罗绮,竞豪奢。重湖叠巘清嘉。有三秋桂子,十里荷花。羌管弄晴,菱歌泛夜,嬉嬉钓叟莲娃。千骑拥高牙,乘醉听箫鼓,吟赏烟霞。异日图将好景,归去凤池夸。"这首词以大开大阖、波澜起伏的笔法,浓墨重彩地描绘了北宋时期东南一带的重要都市——杭州的繁荣、壮丽的景象。词的上阕描写杭州的自然风光和都市的繁华,下阕写西湖,展现杭州平和宁静的生活景象。我们可以通过挖掘绘画和诗词作品中更丰富、更深层次的知识和内容,表现我们的认识和思想。

第二部分　教学内容

(1)如何运用绘画、诗词作品制作短片。

(2)介绍民族乐曲。

(3)为学生播放民族乐曲,让学生反复听,熟悉乐曲。

(4)介绍绘画作品。

(5)以绘画和诗词作品为素材制作短片。

(6)短片必须自己配音乐,从创意到短片制作均由学生独立动手完成。

第三部分　教学目的与要求

一、教学目的

该单元主要训练学生的艺术表现力,但最主要的仍然是短片的可看性、可听性和艺术感染力,以便为将来制作各种节目打下基础。

二、教学要求

(1)通过绘画与诗词作品练习,综合运用时间、空间、人物、事件等元素,过渡到完整的短片制作。

(2)优秀的绘画和诗词作品具有很高的思想水平和艺术水平,选用这样的素材制作短片,可以提高学生的艺术水平。

(3)通过绘画和诗词作品的不同选择，帮助学生表达个人审美情趣。

(4)绘画和诗词作品内涵十分丰富，可以提高学生采集素材、运用素材、编辑素材以及后期配音能力。

(5)反复听音乐，对音乐有感受之后，展开想象、产生情感，有表达欲望之后，再寻找绘画和诗词素材。

(6)运用音乐一定要得当，音乐形象必须与内容相符合，音乐节奏必须符合镜头运动节奏。

(7)语言部分要与镜头、音乐相符合，协调一致。

第四部分　学生作业例稿

一、语言表达作业

1. 刘天华《病中吟》

作业

她多愁善感，体弱多病，从来都不懂得圆滑世故，有些时候甚至语言尖锐，刻薄得让人无法亲近。她就是群芳之首、《红楼梦》“金陵十二钗”中最能牵动读者心弦的林黛玉。

说起林黛玉，最大的特点就是敏感多愁，可谓终日以泪洗面。也许是前世本为绛珠仙草，只为报答昔日甘露之恩而来到人间，因此注定从一开始就要倾尽一生的眼泪，落得一个悲凉凄楚的结局，令人欷歔。

林黛玉在母亲病逝后投靠外祖母，住进了荣国府，但是这种寄人篱下的日子孤苦不已。可以说从一进贾府开始,林黛玉就对这个典型的封建贵族家庭充满了警惕和戒备。她“步步留心,时时在意,不肯轻易多说一句话,多行一步路,惟恐被人耻笑了他去”。她“孤高自许,目无下尘”,不屑于应酬奴仆与俗物。

她的一生都被一个“愁”字所充斥着,不可否认的是,除了多愁,她更是一个多才的女子。甚至可以说,正是她的多愁成就了她的多才。林黛玉多愁善感的性格,恰恰塑造了她的诗人气质。从小体弱多病,虽然限制了她的视野,但是也使她更习惯于沉思默想,显得郁郁寡欢。多病带来的痛苦转化为内心的挫败感,使她更善于体验孤独、寂寞、颓丧和悲观……

是的,谁都不愿意痛苦,但痛苦却可以造就一位不凡的诗人。

《红楼梦》第二十七回,正是林黛玉和贾宝玉猜疑试探、哭闹无常、难分难解的时期。暮春时节,别的女孩子都在嬉戏玩耍,林黛玉却从一片落花上看到了自己不幸的运命。她顾影自怜,流着泪筑起了埋香冢,并吟唱起一曲《葬花吟》,低回婉转。或许只有像林黛玉这样敏锐细腻的心才能呼吸到春风的杀气,领略到草木的玄机,最终不幸言中自己泪尽而逝的悲惨结局。

最终,林黛玉实现了那个圣洁的愿望“质本洁来还洁去,强于污浊陷渠沟”。所谓“怨恨而歌,蚌病成珠”大概就是如此。有些不朽的诗篇就是纯粹的眼泪,真正的诗歌只出于深切苦恼所炽燃着的心。可是如果可以选择,在命运悲戚的卓越才女与平凡安稳的普通女子之间,她究竟会如何取舍,我们谁也不能肯定。也许这个让人怜爱、让人叹息的林妹妹,从一开始就注定了不平凡。

2.刘天华《良宵》

作业

清兵攻破南京，秦淮女子柳如是宁愿以死保全名节，不做亡国奴。李香君力劝侯方域不成，在他投靠清廷之时，撕毁了两人的定情信物桃花扇，而后遁入空门抑郁而死。

一个朝代灭亡之际，这一群弱不禁风的青楼女子用她们瘦弱的身躯承受着时代洪流的冲击。

秦淮河，古称淮水，后由秦始皇命人凿通方山引淮水，故称秦淮河。秦淮河是六朝最繁盛之地，也是中国青楼文化的孕育之地。彼时，秦淮河畔弥漫着浓郁得化不开的诗情画意。才子佳人便为迎合这样的时代背景，走到了一起。

有人说，“十里秦淮，纸醉金迷”。从唐代后，歌楼妓院大肆兴起，在秦淮河两岸，灯红酒绿、夜夜笙歌，从而形成了秦淮河特有的文化。

应该说，中国的青楼文化兴起于魏晋，鼎盛于唐宋。同时，秦淮文化也丰富和促进了唐宋文化的进一步发展和繁荣。一部唐宋文学的发展史，同时也是青楼文化的繁荣史。

说到唐代的诗人，与青楼女子特别有关系的不能不提到白居易。白居易一生共有青楼诗30首，除了“何处春深好，春深妓女家”，“绿藤阴下铺歌席，红藕花中泊妓船”等名句外，最值得称道的是那首脍炙人口的长诗《琵琶行》。秦淮歌女哀怨凄美的琵琶声，使白居易泪水潸然，“座中泣下谁最多，江中司马青衫湿”。

晚唐时期，青楼诗写得最好的当属杜牧，他的豪放浪漫，更是无人能比。“十年一觉扬州梦，赢得青楼薄幸名。”他的传世之作属《泊秦淮》一诗。“烟笼寒水月笼沙,夜泊秦淮近酒家。商女不知亡国恨,隔江犹唱后庭花。”欧阳修、苏轼、秦观、周邦彦等文坛大将的青楼词也很多,倘若宋词离开了秦淮,那么就失去了耀古铄金的文采。

自先秦而至六朝,乃至唐宋均以艺妓为主,有资格做艺妓的,不仅容貌秀美还得高雅贵气,不但有天赋,还要有才情,诸如苏小小、薛涛、李师师等。她们训练有素,既温柔多情又口齿伶俐,弹得琴,唱得曲,说得笑话,还能打情骂俏,楚楚动人、仪态万方。雅俗共赏间,她们有双真正能看清这凡尘的明亮眸子。

在没有报纸广播的时代,秦淮女子是文学作品最重要的传播者之一。名人诗作一经名妓首唱、诸妓传唱便家喻户晓、名满天下。这样看来,诗词歌赋靠她们传播,音乐舞蹈靠她们表演,秦淮女子才是中国古代知识分子真正的知音知己。

无论是盛唐还是两宋,青楼文化都在中国文学史上写下了光彩夺目的一笔。六朝金粉之地的秦淮河不仅仅是文人墨客们找到的一处寻芳觅艳之地,更是他们与青楼女子互相酬唱之地。

看来中国的秦淮文化正如孔尚任的一把桃花扇:“这一面风花雪月,那一面润物无声”。

二、短片作业(见在线学习资源)

(1)《记忆的余晖》
(2)《山水画之留白》
(3)《秦淮景》

附　民族乐曲

1.《高山流水》

是中国十大古曲之一。相传先秦的琴师伯牙一次在荒山野地弹琴，樵夫钟子期竟能领会这是描绘“巍巍乎志在高山”和“洋洋乎志在流水”。伯牙惊道：“善哉，子之心而与吾心同。”钟子期死后，伯牙痛失知音，摔琴绝弦，终身不操，故有高山流水之曲。后用“高山流水”比喻知己或知音，也比喻乐曲高妙。有多种谱本。有琴曲和筝曲两种，两者同名异曲，风格完全不同。

现在流传的《流水》，多为清代琴家张孔山所传。它充分运用了“泛音、滚、拂、绰、注、上、下”等指法，进一步表现了流水奔腾澎湃的效果，有“七十二滚拂流水”之称。《流水》形象生动地描绘了流水的各种动态：淙淙的山泉、潺潺的小溪、滔滔的江水。全曲共有9个小段，可分为起、承、转、合四大部分。全曲形象生动、气势磅礴，是一曲对祖国壮丽山河的赞歌。

2.《潇湘水云》

古琴曲。南宋浙派琴家郭沔(字楚望，1190～1260)创作。当时元兵南侵入浙，郭沔移居湖南衡山附近，常在潇、湘二水合流处游航。每当远望九嶷山为云水所蔽，见到云水奔腾的景象，便激起他对山河残缺、时势飘零的无限感慨而创作此曲，以寄托眷恋之情。传说中，九嶷山是舜的葬地。郭沔是一个终生未仕的知识分子，生活十分清贫。他所处的时代，正值元兵入侵，南宋王朝即将灭亡的前夕。他是一个反对苟且偷安，具有民族意识和爱国思想的人，故他借九嶷山为“潇湘云水所蔽”的形象，寄托他对现实黑暗、贤者不逢时的义愤和对祖国美好山河的热爱。

曲谱最早见于《神奇秘谱》，共10段。后经历代琴家发展为18段加一尾声。现存琴谱多达50种。经过历代琴家不断加工，艺术更臻成熟。乐曲开始，飘逸的泛音使人进入碧波荡漾、烟雾缭绕的意境。全曲情景交融，寓意深刻，数百年来广为流传，被历代琴家公认为优秀的琴曲之一。

3.《平沙落雁》

《平沙落雁》是一首古琴曲，其意在借大雁之远志，写逸士之心胸。最早刊于明代《古音正宗》，又名《雁落平沙》。自其问世以来，刊载的谱集达50多种，有多种流派传谱。关于此曲的作者，有唐代陈子昂之说，宋代毛敏仲、田芝翁之说，明代朱权之说。因无可靠史料，很难证实究竟出自谁人之手。《平沙落雁》的曲调悠扬流畅，通过时隐时现的雁鸣，描写雁群在空际盘旋顾盼的情景。

乐曲以舒缓的节奏和清丽的泛音开始，描绘了秋江上宁静而苍茫的黄昏暮色；然后旋律转为活泼灵动，点缀以雁群鸣叫呼应的音型，充满了生机和欢跃；最后又复于和谐恬静的旋律中。意境苍茫恬淡而又生趣盎然。古琴的泛音、滑音等特有的技法的运用，使得乐韵更加丰富，艺术感染力十分强烈。

4.《春江花月夜》

原是一首琵琶独奏曲，名《夕阳箫鼓》(又名《夕阳箫歌》、《浔阳琵琶》、《浔阳夜月》、《浔阳曲》)。约在1925年,此曲首次被改编成民族管弦乐曲。此后,又经多人整理改编,更臻完善。

乐曲通过委婉质朴的旋律、流畅多变的节奏、巧妙细腻的配器、丝丝入扣的演奏,形象地描绘了月夜春江的迷人景色,尽情赞颂江南水乡的风姿异态。全曲就像一幅工笔精细、色彩柔和、清丽淡雅的山水长卷,引人入胜。

乐曲全曲分成10段,犹如10幅连续画面:①江楼钟鼓,②月上东山,③风回曲水,④花影层叠,⑤水云深际,⑥渔歌唱晚,⑦洄澜拍岸,⑧桡鸣远濑,⑨欸乃归舟,⑩尾声。

5.《十面埋伏》

《十面埋伏》是一首历史题材的大型琵琶曲,又名《淮阴平楚》,是中国十大古曲之一。关于乐曲的创作年代,迄今无一定论。本曲现存乐谱最早见于1818年华秋苹编的《琵琶行》。

乐曲描写公元前202年楚汉战争垓下决战的情景。汉军用十面埋伏的阵法击败楚军,项羽自刎于乌江,刘邦取得胜利。

乐曲采用了我国传统的大型套曲结构的形式,共有13个段落,每段冠以概括性很强的标题:①列营,②吹打,③点将,④排阵,⑤走队,⑥埋伏,⑦鸡鸣山小战,⑧九里山大战,⑨项王败阵,⑩乌江自刎,⑪众军奏凯,⑫诸将争功,⑬得胜回营。

6.《病中吟》

《病中吟》又名《安适》或《胡适》,是刘天华的处女作,1915年完成初稿,1918年定稿。曲名为“人生向何处去”之意。作者把郁郁不得志的心情、人生安适的感叹、逆境中的挣扎和走投无路的痛苦,都倾注在乐曲中。但这并不是一首绝望的悲歌,而是有所期待的、感人至深的内心独白。

乐曲第一段表现了苦闷彷徨,“剪不断,理还乱”的情绪,旋律如泣如诉、缠绵委婉。第二段节奏果断有力,旋律较为急速,表现了一种要从苦闷的重压下解脱出来的愿望,以及誓与周围黑暗势力作斗争的抱负。第三段和尾声表达了奋斗的意志不断加强和在逆境中挣扎前进的感叹和苦衷。当音乐的发展到达顶点时,旋律忽然中断、情绪急转直下,十二度的下行滑音形成了一种回肠欲断的悲恸效果,全曲在宛如痛苦呻吟一般的颤音中结束。作者在标题中提出的人生“安适”的问题,通过音乐的时而幽咽微吟、时而激愤高歌、时而深情倾诉、时而呻吟叹息,表现得淋漓尽致。

7.《良宵》

原名《除夜小唱》,是刘天华于1928年除夕即兴创作的一首二胡曲,是刘天华音乐生涯中写作时间最短的一首乐曲。全曲形象单一、抒情、清新、明快,给人以怡然自得之感,生动描绘了作者与友人欢叙守岁、共度良宵的愉悦心情。

全曲由两个部分构成,每个部分32小节,共64小节。第一部分旋律进行很平稳,轻快流畅而富有歌唱性。第二部分抒情性加强,旋律跌宕起伏,使得愉悦的情绪更为高涨。

8.《二泉映月》

《二泉映月》,二胡曲。是中国民间二胡音乐家华彦钧(阿炳)的代表作。作品于20世纪50年代初由音乐家杨荫浏根据阿炳的演奏,录音记谱整理。乐曲表现了一位饱尝人间辛酸和痛苦的盲艺人的思绪情感,展示了独特的民间演奏技巧与风格、无与伦比的深邃意境,显示了中国二胡艺术的独特魅力。它拓宽了二胡艺术的表现力,获"20世纪华人音乐经典作品奖"。

全曲除了引子和尾声外,共分为6个段落,即主题和5次变奏。乐曲通过句幅的扩充和减缩,并结合曲调音域的上升和下降,表达出音乐的渐次发展和推进。主题变奏随着旋律的发展时而深沉、时而激昂、时而悲壮、时而傲然,深刻地展示了作者的辛酸与痛苦、不平与怨愤。

9.《金蛇狂舞》

《金蛇狂舞》是民族管弦乐曲。1934年聂耳根据民间乐曲《倒八板》整理改编,乐曲旋律昂扬、热情洋溢、铿锵有力,渲染了节日的欢腾气氛。

乐曲是三段体结构,旋律始终具有鲜明的节奏特点。第一段,乐曲一开始,就以明亮上扬的音调不断地呈现出欢乐、昂扬、奔放的情绪。第二段,由两小节打击乐器引出热情昂扬、流畅明快的旋律,令人感到充满生机。第三段,作者巧妙地借鉴了民间锣鼓点中"螺丝结顶"的结构形式。上下句对答呼应,句幅逐层减缩,速度逐渐加快,加之锣、鼓、钹、木鱼等打击乐器的节奏烘托,使情绪逐层高涨,直至欢腾红火的顶点,生动地再现了民间喜庆时巨龙舞动、锣鼓喧天的欢乐场面,洋溢出鲜明的民族特色和生活气息。全曲以激越的锣鼓伴奏,渲染了热烈欢腾、昂扬激奋的气氛。

10.《旱天雷》

《旱天雷》是一首很有代表性的广东音乐,最早见于

1921年丘鹤俦所编《弦歌必读》,原是由广东作曲家、扬琴演奏家严公尚(严老烈)根据《三宝佛》的第二段《三汲浪》改编而成的扬琴曲,后又成为广东音乐乐曲。现有多种演奏形式。

《三汲浪》原是一首琵琶小曲,改编者运用民间音乐创作中常用的"放慢加花"等技法,对原曲进行新的节奏处理,并充分发挥扬琴密打竹法和善于演奏大跳音程的特长,使陈调出新声。《三汲浪》曲调平稳、低沉,改编后的《旱天雷》则活泼流畅、生机盎然、节奏欢快,乐曲的情绪有了根本性的变化。

11.《百鸟朝凤》

《百鸟朝凤》也称《百鸟朝王》、《仪凤图》等,其文化内涵十分丰富。《百鸟朝凤》原是流行于山东、河南、河北等地的民间乐曲,它以热情欢快的旋律与百鸟和鸣之声,表现了生气勃勃的大自然景象。

12.《渔舟唱晚》

著名的北派筝曲。关于乐曲的由来,比较普遍的说法是古琴演奏家娄树华于20世纪30年代中期,根据山东古曲《归去来》的素材改编而成。另一种说法,是山东古琴家金灼南根据流传于山东聊城地区的民间传统筝曲《双板》及其演变的两首乐曲《三环套日》和《流水激石》改编而成,20世纪30年代,金灼南将此曲传给娄树华,娄树华在进一步改编时,在乐曲的后半部分充分运用了筝的"花指"技巧,使音乐意境更为鲜明、生动,从而使这首筝曲得以广泛流传。

《渔舟唱晚》以歌唱性的旋律,形象地描绘了夕阳西下,晚霞斑斓,渔歌四起,渔夫满载丰收的喜悦欢乐情景，表现了作者对祖国美丽河山的赞美和热爱。乐曲的前半部分（第一段），乐句与乐句基本上是上下对答的“对仗式”结构，给人结构规整之感；乐曲的后半部分（第二、三段），则运用递升、递降的旋律和渐次发展的速度、力度变化，表现了百舸竞归的热烈情景。

13.《江河水》

双管独奏曲。王石路、朱广庆、朱长庆和谷新善等人根据辽南鼓乐同名笙管曲牌加工改编而成。原曲旋律简洁，常用于民间风俗场合，情绪轻快。用“放慢加花”技法改编后的全曲悲愤有力，感染力极强，曾被用于音乐舞蹈史诗《东方红》第一场“苦难岁月”的配音。后经黄海怀改编为二胡曲，另有一种凄怆哀怨的情绪，广为流传。

《江河水》凄婉的旋律与独特的节奏生动地刻画出悲剧性的音乐形象，带给人悲剧美的情感体验。乐曲第一部分开始乐句旋律呈波浪式起伏，犹如低声的倾诉，音调凄凉而悲切；第二乐句旋律以十度大跳，表现出极度的悲愤、激动；第三乐句节奏抑扬顿挫，似句句血泪，表达出妇人的撕心裂肺、悲痛欲绝；最后的再现乐句加了一小节扩充，在首尾呼应的同时，又显得痛苦无奈而意味深长。

附录二

短片拍摄与剪辑基本知识

一、摄影

1. 景别

景别是指被摄物体在画面中的范围，可分为五种：远景、全景、中景、近景、特写。

远景具有广阔的视野，常用来展示事件发生的时间、环境、规模和气氛，比如表现开阔的自然风景、群众场面、战争场面等等。远景画面重在渲染气氛，抒发情感。一部作品的第一个镜头应是远景，要把环境交代清楚。作品结束，一般来说最后一个镜头也是远景。

全景：用来表现场景的全貌或人物的全身动作，用于表现人物之间、人与环境之间的关系，突出表现人物行动的空间位置。

中景：指画面包含人物膝盖和腰以上的部位，是远景与近景之间的过渡镜头。中景和全景相比，包容景物的范围有所缩小，环境处于次要地位，重点在于表现人物的上身动作。中景是叙事功能最强的一种景别。在包含对话、动作和情绪交流的场景中，利用中景景别可以更好地表现人物之间、人物与周围环境之间的关系。

近景：指拍到人物胸部以上或物体的局部。近景能清楚地看到人物的细微动作，可以表现人物的面部表情，也是传达人物的内心世界和人物之间感情交流的景别。电视节目中，节目主持人与观众进行情绪交流多用近景。

特写：指画面的下边框在成人肩部以上的头像，是与被摄对象视距最近的画面。被摄对象充满画面，能够表现人物面部表情的细微变化，传达内心活动，而且画面呈现清晰而强烈的视觉形象，给观众以极大的视觉冲击。对某个物体的特写还有强调的含义，可使观众印象深刻，为事件或人物关系的进展做铺垫。

2. 拍摄方位

以被摄物为中心，在同一水平面上的 360°范围内，任何一个方位均可作为拍摄点，从而获得不同的画面。有以下几种拍摄方位：正面、侧面、正侧、后侧、背面。

3. 拍摄高度

拍摄高度是指在拍摄距离、拍摄方向不变的条件下，镜头平拍、仰拍、俯拍、顶拍被拍摄对象的拍摄方法。

平拍：摄影机镜头与被拍摄对象保持基本水平的高度。

仰拍：摄影机镜头从低于被拍摄对象的角度进行拍摄，自下往上拍摄。

俯拍：摄影机镜头从高于被拍摄对象的角度进行拍摄，自上往下拍摄。

顶拍：俯拍的角度与地平线垂直或接近垂直。

4. 摄影机的运动方式

运动镜头：通过移动摄像机机位，或者改变镜头光轴,或者改变镜头焦距进行拍摄的镜头。运动镜头主要包括由推、拉、摇、移、跟、升降摄像形成的推镜头、拉镜头、摇镜头、移镜头、跟镜头、升降镜头。

推镜头:摄像机向被摄主体的方向推进,或者改变镜头焦距(从短焦距逐渐调至长焦距部位),使画面框架由远而近向被摄主体不断接近的镜头。

拉镜头:摄像机逐渐远离被摄主体,或者改变镜头焦距(从长焦距逐渐调至短焦距部位),使画面框架由近至远与被摄主体拉开距离的镜头。

摇镜头:摄像机机位不动,借助于三脚架上的活动底盘或拍摄者自身,使摄影机的机身做上下、左右、旋转等各种运动的镜头。

二、剪辑

把拍摄的镜头、段落加以剪裁,并按照一定的结构把它们组接起来,是剪辑工作完整的创作过程。

1.镜头剪辑点的选择

(1)以一句完整语句的结束为一个剪辑点。

(2)以人物或动物的动作为剪辑点。

(3)以音乐节奏变化为剪辑点。

(4)以音乐的强起点为剪辑点(包括音乐的强转弱、弱转强)。

(5)以一句完整歌词的结束为剪辑点。

(6)运动画面与运动画面相连为剪辑点,静态画面与静态画面相连为切换点,即“动接动,静接静”。

(7)不同景别相互衔接,例如全景接中景、中景接特写等。

(8)不同的角度相互衔接，例如正面接前侧、前侧接后侧等。

(9)以语言节奏、人物动作的快慢为剪辑点，例如语言快切换就快、语言慢切换就慢。

2.剪辑手法

(1)淡入、淡出：又称“渐显、渐隐”，是影视艺术表现时空间隔的重要手段。表现形式是前一场景的画面逐渐暗淡直至完全消失(渐隐)，后一场景的画面逐渐显露直到十分清晰(渐显)。

(2)化出、化入：又称“化”，是影视艺术表现时空转换和深化情绪的重要手段。其表现形式是前一画面渐渐隐去(化出)之前，后一画面已开始渐渐显露(化入)，两个画面同时重叠隐现，起到时空自然过渡的作用。

(3)划入、划出：又称“划”、“划变”，指用多种样式的技巧把两幅画面衔接起来。表现形式是滑移，即后一镜头从前一镜头画面上渐渐划过，前后交替。

(4)圈入、圈出：“划”的变种。其表现形式是从画面中心以圆点开始逐渐扩大(圈出)，或从画面外沿以圆形逐渐收缩(圈入)，使下一镜头的画面逐渐取代上一镜头的画面。

(5)出画、入画：在镜头末尾，运动主体离开画面，称为出画；在镜头开始出现若干画面后，运动主体进入画面，称为入画。

(6)切换 ：简称“切”，是最基本的镜头转换方式。切换是不用诸如化、划、淡、圈等光学技巧作为过渡，直接由一个镜头转换成另一个镜头。

(7)切出、切入：又称“跳切”。是一种不遵循时空和动作的连续性，将动作做跳跃式组接以突出某些重要内容、省略时空过程的切换方式。

剪辑手法的运用要服从内容表达和总体节奏的需要。节奏快时,淡出淡入、划出划入等速度就要快,有时候也可直接切换。节奏舒缓时,淡出淡入、划出划入等节奏就要慢。一般来讲,抒情场面节奏较慢、镜头较长,切换较慢。叙事或激烈紧张的场面节奏较快、镜头较短,切换较快。镜头的长短快慢能够影响观众情绪的起伏。

关于短片的拍摄、剪辑与制作等知识,还需要在“视听语言”、“电视节目制作”等相关课程中系统学习。

参考书目

〔法〕保·朗多尔米著:《西方音乐史》,人民音乐出版社 2002 年版。

朱秋华著:《西方音乐史》,北京大学出版社 2002 年版。

张宏、滴妮著:《影视表演艺术——创作理论与实用教程》,中国传媒大学出版社 2010 年版。

翁如编著:《主持人思维训练教程》,中国传媒大学出版社 2007 年版。

图书在版编目(CIP)数据

主持人采编播训练教程/翁如编著.-- 2版.-- 北京:中国传媒大学出版社,2015.12(2022.12重印)
ISBN 978-7-5657-1487-0

Ⅰ.①主… Ⅱ.①翁… Ⅲ.①主持人—新闻采访—高等学校—教材
②主持人—新闻编辑—高等学校—教材 ③主持人—播音—高等学校—教材
Ⅳ.①G222.1 ②G222.2

中国版本图书馆CIP数据核字(2015)第215677号

主持人采编播训练教程(第2版)
ZHUCHIREN CAIBIANBO XUNLIAN JIAOCHENG(DI-ER BAN)

编　　著	翁　如
策划编辑	赵　欣
责任编辑	赵　欣　李艳华
责任印制	李志鹏
封扉设计	拓美设计

出版发行	中国传媒大学出版社		
社　　址	北京市朝阳区定福庄东街1号	**邮　　编**	100024
电　　话	86-10-65450528　65450532	**传　　真**	65779405
网　　址	http://cucp.cuc.edu.cn		
经　　销	全国新华书店		

印　　刷	三河市东方印刷有限公司
开　　本	787mm×1092mm　1/16
印　　张	12
字　　数	134千字
版　　次	2015年12月第2版
印　　次	2022年12月第4次印刷

书　　号	ISBN 978-7-5657-1487-0/G·1487
定　　价	39.00元(附在线学习资源)

本社法律顾问:北京嘉润律师事务所　郭建平

音视频目录

音频目录 >>>

第一单元　音乐总体形象感受能力训练

第二单元　想象与语言表达能力训练

第三单元　逻辑与音乐运用能力训练

视频目录 >>>

特别说明：

1. 第一至第六单元的第四部分学生作业例稿和附录一有音频和视频文件，谨供读者参考。
2. 书中文字内容经过进一步加工，个别之处和音频文件略有不同。
3. 因学生录音、制作短片的设备和条件有限，尚有许多不足之处，敬请谅解。

扫一扫
轻松体验本书配套数字资源